JN139923

「経営」「ワークスタイル」
「地域社会」が一変する
テレワーク社会の到来

あなたのいるところが仕事場になる

森本登志男

大和書房

はじめに

2020年7月24日（金）——あなたは何をしているでしょう？

56年ぶりにオリンピックが日本にやって来る

2020年7月24日、この日は世紀の一大イベント東京オリンピックの開会式が行われる日です。前回、東京でオリンピックが開催されてから56年、その間、日本で冬季オリンピックは2回行われましたが、夏季のオリンピックが半世紀以上の時を経ていよいよ日本で開催されます。

50代以下の皆さんにとって、夏季オリンピックは海外で行われているものをテレビで観戦して応援するものだったでしょうが、いよいよ自国でこの地球規模のイベントが東京で開催されます。この日を心待ちにしている人も多いのではないでしょうか。

前回の東京オリンピックの開会式が行われた1964年10月10日は、私自身はこの世に生は受けていたものの、1歳10か月でしたので記憶には残っていません。親や親せきなどからの話を総合すると、私が生まれて初めてテレビジョン放送を観た日のようで、日本の国旗は認識できていたようです。

その後、小学生の頃から東京オリンピックの開会式の写真や映像はさまざまなところで目にすることになり、リアルタイムでの記憶はないものの、当時の国を挙げての高揚感は多くの諸先輩方から聞いてきました。

オリンピックが開催された他国の盛り上がりや、日本で開催されるその他のスポーツイベントの盛り上がりから考えてみても、2020年7月には一生に一度経験できるかどうかという大きなお祭り気分に日本中が包まれるでしょうし、私自身もそれを楽しみたいと思っています。

さて、その開会式が行われる予定の2020年7月24日、皆さんはどこで何をしているでしょうか?

「テレビで開会式を見る」「プラチナチケットをどうにか手に入れて、生で歴史的瞬間を目にしたい」。期待を持って、その日を心待ちにしている方が多いでしょう。

五輪期間中の東京は混雑必至、通勤はどうなる？

　ここからは想像をしてみてください。

　東京オリンピック開幕以降、都内や周辺の地域の会場で、それぞれの競技が始まります。東京で仕事をされている皆さん、この期間、出勤や仕事での都内の移動など、町の混雑ぶりはどのようになっているでしょう？

　東京以外の地域から、東京に出張をよくするという方も、この期間に出張することを想像してみてください。

　私も仕事柄、出張が多くホテルに泊まることが多いので年中ホテルの予約サイトとにらめっこしていますが、時折、地方都市で全くホテルが取れないという事態に遭遇することが増えてきました。急激なインバウンド観光客の増加という事情に加え、人気アーティストのドーム公演、人気スポーツの試合、学会といった理由での宿泊需要に部屋の供給が追い付いていないのでしょう。

　地方都市に比べ、宿泊者の受け入れ能力も巨大な東京ではありますが、オリンピック期間中は毎日朝から夜遅くまで、至る所で世界最高レベルの競技が行われているという状況です。宿泊施設の不足により、東京への出張はいつもよりも過酷になることでしょう。

郊外から都心のオフィスに通うという方にとっては、毎日のことであり、それが数週間にわたって続くということなので、事態はより深刻でしょう。

2012年に開催されたロンドンオリンピックでは、ロンドン市内の混雑緩和のために、国が企業に対して「テレワーク」というオフィスに縛られない働き方を促しました。テレワークは、オリンピック終了後もレガシー（遺産）として社会に根付いたと言います。

実は日本でも、国が2017年から毎年7月24日を「テレワーク・デイ」と定めて、都内の企業にテレワークの実践を促します。東京オリンピック開催期間中の混雑緩和に備えるとともに、日本の社会の大きな懸案となっている「働き方改革」をこの機に、大きく進めようとしています。

「テレワーク」という働き方を知っていますか?

テレワークという言葉が、ニュースなどでもよく聞かれるようになってきたかと思いますが、テレワークとはどのようなもので、それにより何が変わるのでしょうか?「テレワークとは何か?」については、この後詳しく説明していきますが、パソコンやインターネットなどの情報通信技術を利用して、オフィスなどの定められた場所に縛られないで、離れた場所で仕事をすることです。

私はマイクロソフトの日本法人に、1995年から16年間勤めました。その後、佐賀県庁の最高情報統括監(CIO)の公募に応募し、5年間、県庁職員として地方での生活を経験しました。

マイクロソフトに入社したのは、20年以上前でしたが、同社ではその頃からすでにテレワークという働き方は普通のスタイルとして定着していました。

その後佐賀県庁に移り、4000人の全庁職員がテレワークを実施できる環境を導入しました。2016年の3月に佐賀県での任期を終えた後は、総務省のテレワークマネージャーの委嘱(いしょく)も受けるなど、テレワークに関する講演や個別の企業や団体への個別の導入支援などを行っています。

これらの経験から、テレワークという働き方について、日に日にその注目度が増しており、導入を真剣に考える企業や団体が増えているということを強く感じています。技術的、また社会インフラ的にテレワークを導入しやすい素地が整ってきたところに、働き方改革に対する社会の期待が強まってきているのでしょう。


本書では、オリンピックの自国開催という何十年に一度のレベルの大きなイベントに合わせて、国が社会に定着させようと進めているテレワークについて、その背景とともに、社会に効果をもたらす可能性について紐解いていきます。

まず第1章では、「地方」「企業」「働き手」という、3つの違った立場からの視点で、それぞれが抱える現状の問題のうち、テレワークで対策を講じられそうなものを整理します。

地方にとっては働く人の減少、働く場（雇用）の減少、企業においては労働力確保の状況悪化について考えます。働き手にとっては暮らしと仕事とのバランス、特に大都会の働き手については、都会での生活ならではの問題点について考えます。

続く第2章ではテレワークとは、どのような働き方で、どのような効果をもたらすものなのかについて説明します。

近い将来、働き方が大きく変わります！　それも想像以上のスピードで

既にテレワークを導入して働き方を変えている企業や自治体があります。テレワークは、仕事と生活のバランスを取りやすくなる働き方なので、働き手に取ってメリットがあることはイメージしやすいと思いますが、それが企業の業績向上や地方の課題解決につながる効果を上げている例もいくつも見られるようになってきました。3章では、そうしたテレワークで効果を上げている先進事例を紹介します。実際の事例を通して、テレワークのもたらす効果をより実感していただこうと思います。

4章では、1章で提起した課題を、2章・3章で紹介したテレワークを導入することで得られる効果や具体的な事例を受けて、どのようにテレワークが解決の突破口となるのかを考えます。ここでも、1章と同様に、「地方」「企業」「働き手」という、3つの違った立場からの視点で考えます。

「テレワーク」を導入するには何から始めればいいのか？

本書を手に取っていただいて、テレワークに対する理解が進み、「自分の会社でも導入をしてみよう。」と考えられた場合、何からどう手を付けていいのか？　私が講演や個別の導入支援の活動をする中で、とても多くいただく質問です。５章では、佐賀県庁でのテレワーク全庁導入の経緯をご紹介しながら、テレワークの導入への道筋を紹介していきます。

働き方が変われば、都会と地方の境目が消えていく

前述のとおり、本書では「地方」「企業」「働き手」の３つの立場が違う視点から、テレワークの必要性とその効果について掘り下げていきますが、この３者の中では、「企業」が最も課題解決に近い場所にいると考えています。

「企業」は導入に腹を決めれば、先行事例などからそのエッセンスを学ぶことで、先

人が経験したほどの壁を感じずにテレワークを始められ、課題解決につなげられる可能性が高いです。働き方改革に舵を切る企業が増えれば、「働き手」は最適な会社を選べる選択肢が増えます。

この3者の中で、課題解決に最も遠いのは地方ということになります。抱えている課題が重く構造的なものであるだけに、テレワークだけで解決できるほどたやすいものではありません。ただ、社会全体の働き方改革が進めば、人の住む場所や仕事のバリエーションが増えることで、地方として課題解決への打ち手が増えることになります。

6章では、テレワークが普通のこととなる将来の社会において、いかにしてその地域の担い手を外から呼び込むか、地元で育った若い力を地元の力とするか、その方法を新しい地域創生の事例と合わせて解説していきます。

目次

2章

テレワーク社会の到来

3章 「働く」の概念を一変させた3つの先進的な組織

4章 「地方」「企業」「働き手」すべてにメリットをもたらすテレワークの可能性

5章 テレワーク成功の処方箋

6章

未来の「働く」は、地域社会で始まっている

1章

「働く」にまつわる悩み――「地方」「企業」「働き手」の視点で考える

地域社会は今、本当にお手上げ状態なのか？
——地方が抱える課題、将来への不安

少子高齢化による労働力不足が地方を暗くする

私は高校を卒業するまで岡山県で育ち、予備校・大学と京都で過ごした後、社会人になってからは、大阪、埼玉、徳島、神奈川、東京、佐賀、アメリカも含め、さまざまなところに居を構えて生活と仕事をしてきました。

社会人になってすぐに、後に〝バブル期〟と呼ばれる好景気を経験し、その後、長期にわたる経済の低迷からデフレに進み、地方がだんだんと元気を失っていく過程を様々な土地に住んで経験してきました。

さらに、２００７年に総務省の地域情報化アドバイザーの委嘱（いしょく）を受けてからは、地域の課題解決を地元の方々と一緒に考える機会も多くなりました。当時、訪れる地方はどこも似たような状況でした。中心市街地はシャッターを下ろす店が増え、高度経済成長期に誘致した工場は、企業の経営環境の変化から海外へ拠点を移転する。大企業の支店や営業所の撤退。デフレや為替変動、グローバル化、ICT（情報通信技術）の発展と普及など、近年訪れた大きな経営環境の変化による、地元の企業の事業縮小や廃業。どれを見ても、地方で働く機会が縮小していることを実感させられます。

さらに、出生率の低下と人口のボリュームゾーンの高齢化により、町の構造自体が若い人向けからシニア層に適したものに変化し続けています。少子高齢化は日本全体を覆う問題ですが、地方ではより濃くその影を落としています。

こうした地方の現実を見ている地域の若者は、より魅力にあふれ、夢が実現できそうな都会へ、または海外へと出ていってしまうことが多いようです。これは今に始まったことではないでしょうが、近年その傾向が際立っているように思われます。

よく「地方には仕事がないから」若者が出ていくと言われますが、それに加え「地方にいたままでは明るい将来がイメージできない」「夢を求めるには都会でなければ」という感覚も、若者を中央（都会）に惹きつけていると私は感じます。それが正しければ、地方から若い頭脳と労働力が都会へ出ていく流れは、放っておくとさらに加速するでしょう。

都会と地方は「幹と枝葉」の関係

モチベーションが高い若い人材が、魅力ある都会へ出て行くと、地方はますます労働力が不足し、活気がなくなっていきます。

労働力人口が減ることは、税収の減少にもつながり、地方自治体の財政にとって深刻な問題になります。加えて、人口構造の高齢化は医療や福祉、社会インフラの整備など多くの分野で行政支出を増やし、地方の財政を圧迫する大きな要因となります。このような状況が進行すれば、地方自治体の財政のひっ迫、さらに地域経済の衰退や縮小へと波及していきます。

この状況を打開できなければ、都会がますます栄え、地方が衰退することで、地方と中央の格差は開くいっぽうです。この都会と地方のアンバランスさが、この国の先行きに大きな不安を投げかけていることは、ここで私が言うまでもなく、多くの方が実感していることでしょう。

農薬や化学肥料を使用しない栽培法でこれまでの常識を覆す「奇跡のリンゴ」を作り上げた木村秋則さんとお話しさせていただいた際に、日本の国を、「都会が幹で、

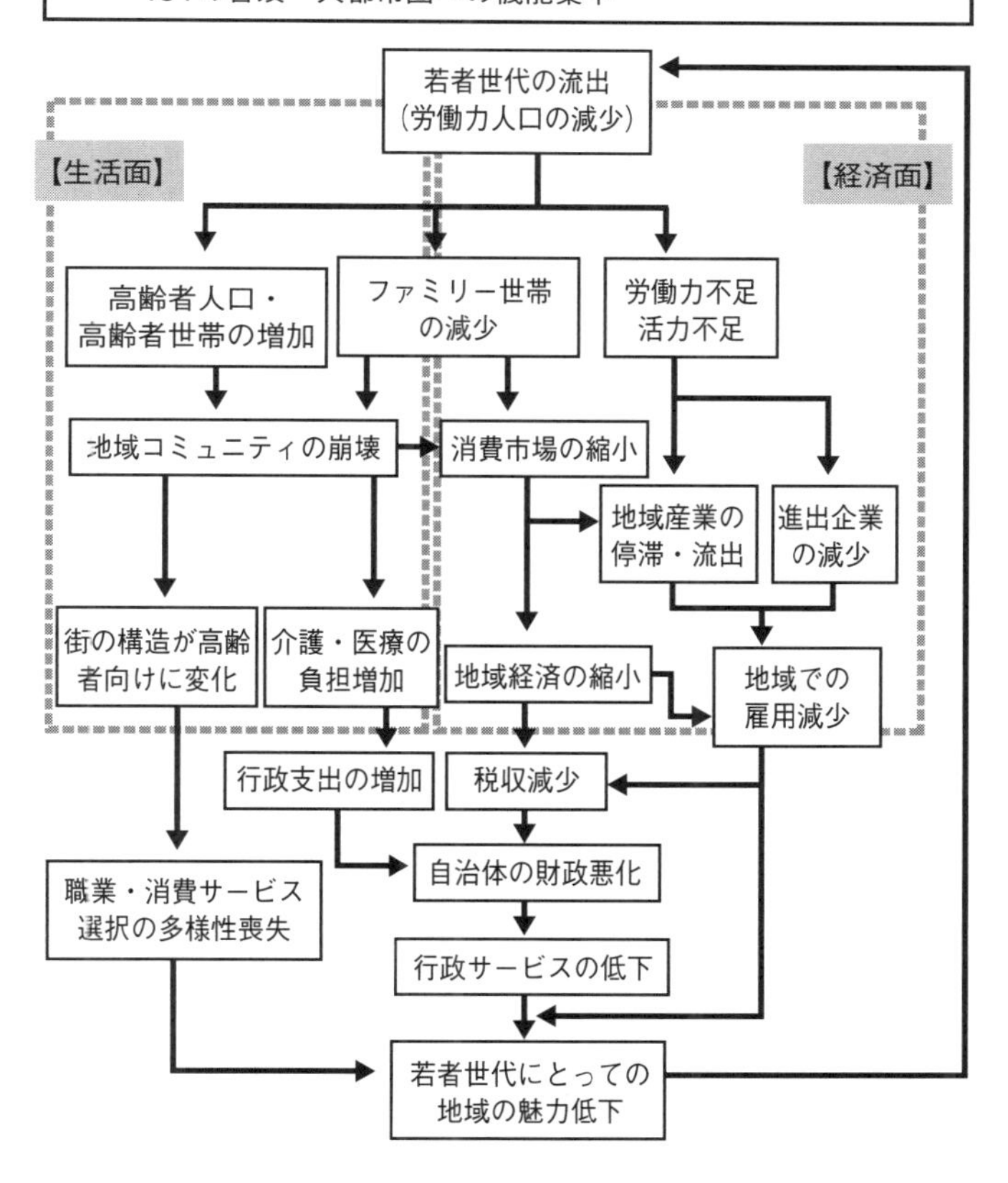
地域社会が陥る負の連鎖
【外部環境】
少子化高齢化　経済のグローバル化　経済のサービス化
ICTの普及　大都市圏への機能集中
若者世代の流出
(労働力人口の減少)
【生活面】
【経済面】
高齢者人口・
高齢者世帯の増加
ファミリー世帯
の減少
労働力不足
活力不足
地域コミュニティの崩壊
消費市場の縮小
地域産業の
停滞・流出
進出企業
の減少
街の構造が高齢
者向けに変化
介護・医療の
負担増加
地域経済の縮小
地域での
雇用減少
行政支出の増加
税収減少
自治体の財政悪化
職業・消費サービス
選択の多様性喪失
行政サービスの低下
若者世代にとっての
地域の魅力低下

地方が枝葉」と樹木にたとえられました。「太く立派になった幹（都会）も、枝葉（地方）が落ちてしまえば、そのうち枯れてしまう」と表現されたことを鮮明に覚えています。地方の衰退は、都会で暮らす人たちにとっても、対岸の火事ではないのです。

これまでと同じ方法では、地方に企業を呼び込めない

こんな状況になるまで、地方は何をしていたのか？　そんな疑問を抱く読者の方も多いと思います。しかし、地方もただ手をこまねいていたわけではありません。国も地方自治体もP19の図にある、それぞれの事象に対しての対策を打ってきました。

しかし、それぞれの事象が他の事象の原因にもなっているような複雑な状況では、包括的な手を打たなければ、効果は限定的になってしまいます。とくに、多くの問題の根源に位置する少子高齢化の加速については、ここで仮に劇的な改善策が奇跡的に打てたとしても、労働力の自然増となるのは20年先の話になってしまいます。

事象ごとへの対策を見てみても、働く場を増やし税収を上げるための企業誘致（多くの場合が工場や倉庫など）、子育て支援や医療費補助などによる若者のつなぎとめ、

移住促進のPR活動、中小企業支援など、さまざまな対策を打ってきました。

とくに工場や倉庫などの企業誘致は、税収増加、雇用の発生、関連産業の活性化など、わかりやすい形で利益を享受できるため、多くの自治体が取り組んできました。

生産拠点拡大の勢いが強い時代には大きな効果がありましたが、経営環境の変化により、生産拠点を海外に移したり、事業を縮小する企業が増えたため、誘致がしにくい時代となりました。さらに近年はＩＴ化が進み、企業を誘致できても創出される雇用の数は昔ほど多くないため、恵まれた立地環境を持ったごく限られた地域以外では、こうした誘致も打ち出の小槌ではなくなってきています。

地方からの企業の撤退や縮小は、工場や倉庫だけに限りません。地元のホワイトカラーの受け皿となっていた、大手企業の各地方におかれた支店や営業所が、より大きな都市の拠点に統廃合されたり、規模を縮小する傾向が、バブル経済の終焉後に起こっています。

そうなると地元で採用されたホワイトカラーも、地域の拠点がなくなったので否応なく東京などの都会へ転勤せざるを得ません。地方側から見れば、貴重な地元出身のエリートが都会へ流出することになるわけです。

活気のある地域の共通点とは？

私は総務省の地域情報化アドバイザー制度の派遣などで、全国の地方へ足を運んでいますが、そこで感じるのは「地域を盛り上げるのに、いったい何をすればいいのか」という、地域の方たちの戸惑いと焦りにも似た気持ちです。

そうしたなかで、他の土地から若者が移住してきたり、いろいろな人が頻繁に集まってきたりすることで、新たな活気が生まれている地域の話を耳にするようになりました。こうした地域のいくつかに私が訪ねてみたところ、「ふるさとを活気あるものにしたい」という地元の方々が、他地域から熱意を持って訪れる人たちを受け入れ、ともに汗をかいている、という共通点が見出せます。

こうした人々を惹きつける力を持つ地域は、他の地域と何が違うのか？　このあたりの詳細は6章で事例をあげて紹介しますが、これらの地域で行われていることを考察することで、P19の図のようにたくさんの問題が絡みあった地方の現状を、解きほぐしていく可能性を探っていきたいと思います。

人材が集まる会社の条件とは？――都会の企業が抱える課題、将来への不安

人材争奪戦の時代

企業のリソース（資源）は「人・モノ・金・情報」と言われるように、その最初にあげられる「人」は企業にとって最も重要なものです。いかに優秀な人材を採用して活躍してもらうかは、企業の浮沈を握る重要なカギです。ところが、ここに来て「人」に関して苦労している企業が多いように感じます。

私のまわりでも、「技術者がとにかく足りない。人材の取り合いになっている」「新卒も人材争奪戦になっていて状況は厳しい」といった声をよく聞くようになりました。

また、宅配便の配達サービス内容の変更や、24時間営業店の深夜営業中止といった、人材難に起因するニュースをよく聞くようになってきました。

労働力の供給の面から見ると、人口の多い年代が続々と定年退職していく一方で、

新卒世代の人口が少子化の影響で年々減少しています。こうした「人手不足」「人材難」はすぐに解決される問題ではなさそうです。「地方」が抱える課題と同様に、「少子高齢化」が「企業」の課題の要因として横たわっています。

「量」と「質」両面から見た人材の確保

現在の企業が抱える人手不足や人材難に関わる問題を、「量」と「質」のふたつの側面から考えてみましょう。

「量」とは、顧客に求められる商品やサービスを納期を守って高い品質で提供するために必要な人の数です。「量」の面での人手不足を補うには、新規採用が必要となりますが、これまで述べてきたように少子化の影響で若い人の絶対数が少なく、企業の間で熾烈な人材獲得合戦が展開されています。

「質」というのは、高いスキルを持っている人材や、生産性の高い人材という意味の「質」ではなく、高いモチベーションで仕事にのぞむ姿勢をさします。近年、個人のおかれた境遇が原因で仕事に専念しにくい社員が多くなり、「仕事の質」が低下する企業が増えているのです。

例えば、育児休暇制度が以前よりは充実してきたとはいえ、子育てと仕事の両立は大きな負担を伴うことです。加えて、介護に必要な人数が増えていく一方、介護をする人数は減っていく状況ですから、ある一定の年齢から上の層の社員は、かなりの確率で家族の介護をする必要があると思われます。

社員がこうしたライフイベントによる制約を受けることで、それ以前に比べて生産性が落ちることは仕方のないことです。企業としては、そうした社員を抱えることを前提に、人の数や配置や働き方に関わる検討を進める必要があります。

また、精神的な健康が万全でなくなり、業務に集中できなくなる人も増えてきています。最悪の場合、職場に向かえなくなるという状況に陥る場合もあります。

都内にオフィスを構えるＩＴ業界の経営層の方々からも、精神面で不安定になって産業医に関わってもらう社員が増えてきている、という話もよく聞くようになりました。そこまで深刻ではないケースでも、精神的な要因から業務への集中力やモチベーションが落ちれば、企業としてはかなりのパワーダウンになるということです。

こうしたメンタルの問題は、日々のストレスが原因と考えられているようです。通勤電車の混雑や長い通勤時間、（地方に比べて厳しい）住環境など、地方よりも大都会の方がストレスの要因が多いのですが、これらの状況が数年で解決される望みはかなり薄そうです。

このように働き手の「量」の確保が、社会的な人口構造に端を発して厳しい状況にある中、仕事に集中できない社員の比率が高まっていくという「質」の問題も浮上してきているのです。

ワークライフバランスを重視する若手社員

優秀な人材を奪い合う状況が、就職や転職における売り手市場を形成しています。選択肢は「働き手」にあります。そんな中、就職活動を行っている学生たちを扱う報道で気になる動きを感じています。

インタビューに答える学生が企業を選ぶ基準として「社員のワークライフバランスを重視しているかどうか」「将来の親の面倒を見ることを考えて勤務地が実家に近い

かどうか」といった点を挙げていました。「収入の多さ」「将来にわたる安定性」「仕事を通しての夢の実現性」といった従来からの選択基準だけではなく、「家族との関わりが実現できる労働環境や組織風土があるか」という点を重視し始めていることは注目に値します。

現代の若者は働きがい、給与を気にしながらも、このワークライフバランスに就職先選択の基準を置いているようです。親やまわりの大人が家庭を犠牲にして働く姿や、ストレスを感じている様子を見ているだけに、同じような思いはしたくないのでしょう。この傾向は、今後はさらに拡大していくかもしれません。

これに対して企業側も、いかに明るい未来を「働き手」に提示できるかが大切になります。目指すべき将来がイメージできない企業は、若い人たちに選んでもらえない時代がやって来るでしょう。企業は「量」的に良い人材を確保し、「質」の低下を極力抑えるための「仕事と生活の調和」を強く意識して、働く環境について改革を進めていく必要があるということです。

定年まで通勤地獄、耐えられますか？
――都会の働き手が抱える課題、将来への不安

東京と地方の生活の差

私は佐賀県庁に赴任する前、民間企業に勤務した最後の3年間（2008年から2011年）は、東日本の地方自治体向けの営業をしていました。

私が担当した約50の県・市・区で非常に特徴的に表れていたことは、東京・埼玉・千葉・神奈川の一都三県の市や区では、人口はおしなべて増加傾向にあり、住民の年齢分布も40代を中心に労働力人口の厚みがあることです。

その反面、一都三県以外の地方では、人口は減少傾向で、年齢分布も高齢者の比率が増えている傾向にありました。このように、それぞれの自治体における人口の状況は、一都三県とそれ以外の地方で、判を押したように真逆の傾向に分かれました。

これはここまで述べてきたように、若い世代が地方から都会に集まっていることを

顕著に物語っています。地方と都会の魅力格差と、雇用する力の差が広がっていることに起因する、人口の流れの傾向でしょう。

しかし、極度に地方と都会の人口の偏在が進んでしまった今、長時間通勤や通勤電車の混雑、住環境、人間関係など、都会ならではの問題も、より顕著になってきています。こうしたことが大都会ゆえのストレスとなり、働き手の心身に少なからず影響を与えているのではないかと思われます。

2011年から約6年、私は佐賀県庁での仕事のために、東京から家族も含めて佐賀県へ引っ越しました。通勤は徒歩や自転車です。高校まで岡山で育ち、その後も地方に住むことが多かったので、地方の生活には違和感なく溶け込めました。新鮮な食材が安く手に入り、時間をかけて郊外まで出かけずとも広い空が広がっています。

このとき、東京と地方の生活の差を実感しました。毎日の通勤地獄がないだけでも、相当のストレスから解放されます。心にゆとりができた分、仕事への集中力やモチベーションが上がることを体験しました。

「地方」「企業」「働き手」すべての悩みを一気に解決できるか？

国が女性の働く環境を整える政策を推進しています。今後、女性の社会進出がますます盛んになれば、今までのように、女性ばかりが育児や介護をする状況ではなくなるでしょう。男性も育児や介護、家事に参加する必要に迫られます。

また、高齢者の数が増え、介護や医療従事者の不足が現実になれば、在宅介護や在宅医療が今よりも増加する可能性もあります。都会で働く地方出身者の中には、ある年齢になると故郷に戻り、親の世話と仕事の両立を迫られるかもしれません。

こうした状況を解決するためには、多くの分野での制度やインフラの整備、改革が必要になります。しかし、「働き方」だけに絞れば、ひとつの前提条件として、時間と場所に縛られない「フレキシブルな働き方」を浸透させる必要が出てきそうです。

「地方」の活性化、「企業」の人材不足、そして「働き手」のワークライフバランス、といった社会的課題の解決策のひとつとして、テレワークを活用した働き方改革が有効に機能する可能性を持っています。この後、第2章では、テレワークとはどのような働き方なのか、期待される効果にはどのようなものがあるのかを紹介していきます。

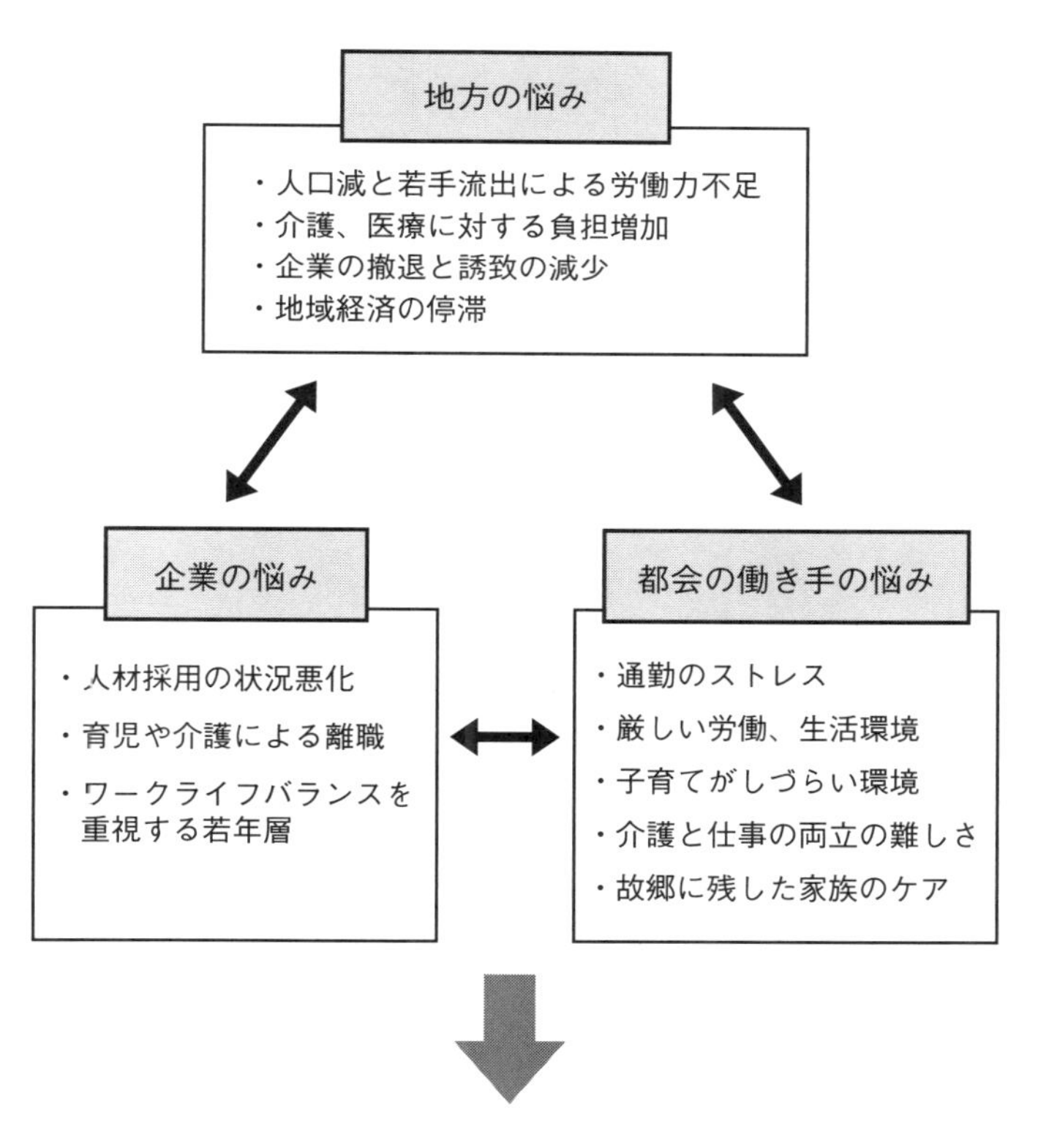

「オフィス」中心から、「人」中心の働き方へ。
テレワークが解決の糸口に。

2章

テレワーク社会の到来――「オフィス」中心から「人」中心の働き方へ

「テレワーク」という言葉を知っていますか？

場所や時間に縛られずに働く

1章では「地方」、都会の「企業」、「働き手」それぞれが抱える課題を紹介しました。そしてその大きな課題に対して「フレキシブルな働き方＝テレワーク」を導入する必要があることも紹介しました。

それでは、そもそもテレワークとは何でしょう。ここからは、テレワークとはどのようなものかについて説明を加えます。

テレワークという言葉を初めて耳にする方、聞いたことはあるけれど内容は知らない、そんな方も少なくないでしょう。テレワークをひと言で言えば「ＩＣＴを活用した、場所や時間に縛られない柔軟な働き方」です。ＩＣＴとは「Information and Communication Technology」の略。日本では「情報通信技術」と訳されています。パソコンやモバイル端末、インターネットなどを利用して、多くの情報を素早く電算処理することで、情報や知識の収集・加工・共有・伝達などを行う技術のことです。

このＩＣＴをうまく利用すれば、本来勤務する場所から離れた場所であっても仕事ができるようになります。これがテレワーク（tele＝離れた・遠い、work＝働く）という造語の由来でもあります。

私は１９９５年に、日本の会社から、米国に本社があるマイクロソフトの日本法人に転職しました。今から20年以上も前で、インターネットが普及する前の時代でしたが、そこでは既にパソコンを使ってオフィス以外の場所から仕事をすることが普通に行われていました。

アメリカの本社と日本法人との間で、データベースやサーバーを共有し共同作業を行うことも日常の仕事でしたし、海外に出張に行っていても、日本のオフィスと連絡を取り合ったり、同じデータを双方から加工したりすることも特別なことではありませんでした。１９９９年から２００２年まではアメリカの本社で勤務しましたが、その時の上司は香港やシンガポールにいて、顔を合わせなくとも、とくに不自由なく業務を遂行できていました。

アメリカが進んでいるという言い方もできると思いますが、何といっても、ＩＣＴ

を仕事や生活に活用できるようになるための道具を開発、販売している会社でしたので、どの会社よりも早く、大規模に、普通にテレワークを行う環境が整えられていたと思います。

自宅、外出先や移動中など、働く場所もさまざま

テレワークは働く場所によって次のような区分があります。

オフィスへ出勤せずに、自宅で仕事をする「在宅勤務」。外出先や交通機関の移動中に仕事を行う「モバイルワーク」。所属するオフィス以外に設けられた拠点で仕事をする「サテライトオフィス勤務」です。

こうして場所と時間に縛られない働き方ができるのが、テレワークの大きなメリットです。具体的な利用例はこのあと紹介しますが、「在宅勤務」が許される環境となれば、通勤時間を別のことに使える上、通勤時の電車の混雑や自動車の運転のストレスから解放されます。家庭での育児や介護と、仕事との両立もしやすくなります。「サテライトオフィス勤務」においても、通勤時間が節約できますし、地方のサテラ

イトオフィスであれば、人ごみから解放された自然豊かな環境で仕事と生活を送ることも可能になります。このように働き手への恩恵は少なくありません。サテライトオフィスについては、3章で佐賀県庁とセールスフォース・ドットコム、4章のコラムで東急電鉄のサテライトシェアオフィスサービスの事例を紹介します。

ただし、よく勘違いされることなのですが、在宅勤務やサテライトオフィスでの勤務は、職場にまったく出勤しないことではありません。普段は職場に出勤し、家庭の事情などによって必要なときに自宅やサテライトオフィスで勤務するケースが多数です。または、外出先から職場に戻らず、近くにあるサテライトオフィスを使う場合もあります。出張や外回りと同列の「仕事のやり方」の選択肢が一つ増えたととらえるべきなのです。

また、在宅勤務制度は、福利厚生ではありません。上記のように「仕事の手段」のひとつです。在宅勤務制度を導入しても普及しない場合は、働き方改革の一環として捉えず、福利厚生の一環として捉えている企業が多いように感じます。この点は3章と5章で紹介する、佐賀県庁の例で詳しく述べます。

「地方」「企業」「働き手」に効果をもたらすテレワーク

このようなテレワークの働き方の内容を見ると、働き手ばかりにメリットがあるように思われます。しかし、この章の冒頭でも述べたように、テレワークの活用は企業や地方の大きな課題について、解決の糸口となる可能性を秘めています。ここからはテレワークのおもな効果を紹介していきます（左のページの図参照）。

この図からもわかるように、テレワークの利点や効果はじつに多岐にわたります。とくに企業と働き手にとっては多くの恩恵があります。

こうしたテレワークの利点に気が付いて、活用する企業や働き手が増えてくるにしたがって、社会（地方や国全体）へ徐々に波及して、さらに大きな効果をもたらすことが期待できます。

政府が推し進める「働き方改革」の中でも、テレワークが実施テーマのひとつとして重要視されています。これは、その社会的影響力や効果への期待が高いことを表しています。

地方

労働人口減少への対応、雇用創出

・都会でのワークシェアリング
・サテライトオフィスによる企業誘致
・育児期の女性、高齢者、障がい者等の雇用機会創出
・介護、育児を理由とした離職者数の抑制

環境負荷の軽減

・通勤に伴う消費資源量の抑制
・オフィス縮小に伴う消費資源量の抑制

テレワークがもたらす効果

企業

人材確保

・優秀な人材の採用と流出防止
・メンタルヘルスの向上

変革の促進

・業務生産性向上
・時間に関する効率の向上
・管理職の意識変革

オフィスコストの削減

オフィス賃料、印刷、通勤、交通コストの削減

事業継続性の確保

・自然災害発生など非常時の事業継続

働き手

ワークライフバランスの向上

・通勤の肉体的・精神的負担の減少
・家庭内コミュニケーションの増加
・育児や介護と、仕事の両立
・自分の時間の創造
・地域コミュニティでの犯罪抑止

業務の生産性や効率性の向上

・実質的な労働時間の削減

ワークスタイルを変えれば、会社が生まれ変わる

業務の生産性が向上する

テレワークはオフィスの自分の席以外の場所での業務を可能にします。モバイル端末やノートパソコンを使うことで、外出時にすきま時間を活用してメールに対応したり、文章の作成も可能です。現場での打ち合わせや作業の際に、議事録や報告書、現地で得たデータの入力や更新なども行えます。

これにより、以前は出張や外出から戻って行っていた業務を減らせるため、時間を効率的に使えるようになります。それに加えて、外出時に得た情報をすぐに他のメンバーと共有できれば、チームで当たる仕事では迅速な流れを作れます。

また、テレワークのメリットを最大限に得るためには、今までの仕事のやり方を見直し、業務の分担などを明らかにすることが有効です。テレワークの導入は、業務の改善を根本から考え直す機会にもなります。

さらに、書類や記録を電子化することでペーパーレス化がはかられ、ネットワーク上で情報を共有することで、業務の効率化につながります。

私が直接かかわった佐賀県庁では、テレワークの導入により、そうした事例がいくつも生まれてきました。ここでは農業改良普及センターの例を紹介します。

このセンターでは職員が農業生産者を訪ね、営農指導や情報の収集や提供などを行う業務があります。現場での状況次第では、高度な知識をもった専門技術員につなぎ、知見をあおぐ場合もあります。

従来であればこうしたケースは、事務所に戻って専門技術員と相談をし、その結果を持って再度、生産者を訪問していました。しかし、テレワークの導入で職員にタブレット端末を配布したことで、現場からテレビ会議を通じて、生産者と専門技術員をつなげることができるようになり、その結果、現場でスピーディーな問題解決が可能になりました。職員の側は一つの案件に関わる時間が大幅に短縮され、農家の側は迅速な問題解決が得られるようになり良い変化が生まれました。こうした事例ひとつをみても、テレワークが大きな効果をうみだすことがおわかりいただけると思います。

オフィスコストが削減できる

テレワークを導入することで、オフィスのフリーアドレス化が容易になります。一人に一つずつの専有スペースを用意する必要が無くなれば、一事業所当たりの床面積の縮小や営業拠点などの統廃合ができ、複合機の設置台数を減らすことも可能となり、オフィスの維持に関する諸経費削減が期待できます。また、従業員の通勤費、出張費などを削減できる余地も広がります。

私が佐賀県庁のテレワーク実践で経験したことでは、タブレット端末やノートパソコンを各部門に配布するとともに、会議室に大型ディスプレイを設置することで、会議資料をディスプレイに投影して行うペーパーレス会議が可能になりました。参加者分の印刷物が減ることによる紙の消費量と印刷に関わるコストの縮減が可能になりました。

その上、資料の差し替えにかかる職員の労力と時間の削減にも大きな効果を発揮しました。官公庁や自治体にお勤めの方は、庁議や議会対応の資料を多くの部門で用意する際に、深夜までわずかな修正が発生し、その都度、差し替えが起こり、資料の完成まで関係者が待機するという風景をよく目にすると思います。紙の資料から、サーバー上のデータをディスプレイと手元のタブレットで見るという方法に変更することで、「全ての変更を終えてから、膨大な枚数の資料を人数分印刷して配布する」という非効率をなくすことができました。どうしても手元に紙が必要な人は、各人が会議前に自分用に必要な資料だけ印刷するということで対応もできます。

事業継続性(BCP)が向上する

BCPはビジネス コンティニュティ プラン(Business Continuity Plan)の略で、「事業継続性の確保」などと訳されています。これは自然災害や感染症の流行など、非常時において事業継続や早期再開のしくみを整えておくことです。

働き手がオフィスへ出勤できなくても、事業が支障なく続けられるようにすることは、今や企業や行政機関にとって喫緊の課題でもあります。交通機関に影響が出るような自然災害、伝染病の蔓延、大規模な停電や事故など、いつ起こってもおかしくない危機に日頃から備えておく。こうしたときにこそ、働く場所を選ばないテレワークの効果が発揮されます。

私自身も佐賀県庁において、身をもってその実効性を体験しました。

それは２０１５年８月、台風15号が佐賀県を直撃したときのことです。大型で強い台風が、朝の出勤の時間帯に接近し、多くの職員の通勤に影響が出ました。この日は、通常よりも早い午前5時ごろから県庁の仮想デスクトップサーバーへのアクセスが始まり、平日のピーク時の倍以上になる３００もの接続が確認されました。これは通勤が困難とみた職員や、休校や休園となった子どもの面倒を見なければならない職員が、在宅勤務などにシフトして業務を継続した証です。

さらに、２０１６年1月に佐賀が35年ぶりの寒波に見舞われ、交通機関や幹線道路が降雪の影響を受けました。この日も在宅勤務やサテライトオフィス勤務に切り替えて業務を行う職員が増加し、この日の朝の仮想デスクトップサーバーへのアクセス数は全職員の1割にあたる４００になりました。登庁できた職員は早朝からタブレット端末を使い、自宅にいる職員や大渋滞に巻き込まれて車の中などにいる職員とテレビ会議をしている光景が見られました。

とくに役所の場合は、非常時にこそ緊急対応の業務が増え、状況の調査や住民への情報伝達、メディア対応などが求められます。業務の停滞が許されない状況を乗り越えられたのは、まさにテレワークの導入があったからです。

なぜ、今テレワークなのか⁉

テレワークの効果は以前から注目されており、これまでも国や政府が施策として推し進めてきました。

2003年に策定された「e-Japan 戦略Ⅱ」では、国家公務員の業務能率向上のため、テレワークの推進を提唱しています。さらに、2009年の「i-Japan 戦略2015」においては、「2015年までに在宅型テレワーカーを700万人とする」という目標が定められ、数字の上では2012年に達成されました。

その後、2013年には「世界最先端IT国家創造宣言」を打ち出し、「労働者にやさしいテレワーク推奨モデルを産業界と連携して支援し（中略）、女性の社会進出や、少子高齢化社会における労働力の確保、男性の育児参加、仕事と介護の両立などを促進する」としています。

このほか、「まち・ひと・しごと創生総合戦略」「ニッポン一億総活躍プラン」など、テレワークに関する複数の閣議決定がなされ、普及・定着のための土壌づくりを進めてきました。

こうした流れを受け、２０１５年には総務省、厚生労働省、経済産業省、国土交通省などが旗振り役となって、11月を「テレワーク月間」と定めました。テレワーク関連のイベントやセミナーを実施するほか、テレワークに関する活動を国民から広く募集するなどの活動をしています。

このほかにも総務省では、地方への「人や仕事」の流れを促し、テレワークを活用することで都会同様に働ける環境を整えるため、２０１５年に「ふるさとテレワーク推進のための地域実証事業」を実施しました。15地域で実証実験が行われ、3章で紹介する和歌山県白浜町のセールスフォース・ドットコムのサテライトオフィスは、この事業の中から生まれた先行事例です。

さらに、総務省は２０１６年度から「おためしサテライトオフィス」モデル事業も開始しました。これは地方（自治体）が地域の特性を活かした戦略によって、都会のベンチャー企業などのサテライトオフィスを開設し、企業を誘致する事業です。

7月24日「テレワーク・デイ」が大きな波を起こす!?

テレワーク導入に向けた動きが、さまざまなところで活発になりつつあります。やっとここ数年でメディアにも取り上げられる頻度が増えてきたように思いますが、まだまだ、働き方の変革につながるほどの流れにはなっていないように思います。

私も2015年ごろからテレワークに関する講演や企業訪問の機会を多くいただいて、企業の人事や情報システムの担当の方とお話しすることが増えました。そこで感じるのは、多くの企業がテレワーク導入に二の足を踏んでいるため、まわりの様子見をしている企業が多い、ということです。

こうした状況を打破して、企業側にテレワークの導入に踏み出す機運を高めるべく、総務省、経済産業省、厚生労働省、国土交通省、内閣官房、内閣府が主導する形で、2020年東京オリンピック・パラリンピック競技大会に向けて、「働き方改革」の運動を展開しています。

「はじめに」でも触れましたが、東京大会の期間中、世界中から役員やスタッフも含む選手団、観光客、報道記者が多く東京に集まり、国内からも競技観戦のために多くの人が東京に集まってきます。

それでなくても、通勤電車はすし詰めが常態化している首都圏において、大会期間中（オリンピック・2020年7月24日〜8月9日、パラリンピック・同8月25日〜9月6日）に首都圏の公共交通機関や宿泊施設は大変な混雑が予想されます。東京にオフィスを構える企業は、社員の毎日の通勤や都内での移動を伴う業務、地方から東京への宿泊を伴う出張、東京から地方への出張などの業務が、平常時のように円滑に行えないであろうことは、容易に想像がつきます。

そこで、2017年より東京五輪の開会式が行われる7月24日を「テレワーク・デイ」として、この日に会社を挙げて積極的にテレワークを実施するよう呼びかけます。これには、企業の社員だけでなく、各種団体や官公庁の職員も含まれ、毎年の国民運動として展開することで、東京大会後もレガシーのひとつとして定着させることを目指しています。

事実、2012年のロンドンオリンピック・パラリンピック競技大会では、交通混雑でロンドン市内の移動に支障が起きるとの予測から、市内の企業の約8割がテレワークを導入。大きな混乱もなくロンドン大会は終わり、企業はその期間中、生産性や働き手の満足度などが向上した、という報告があります。

こうした成功事例にならって2020年まで、首都圏の企業がテレワークに取り組むことは、きわめて価値のある試みであり、必要性はうすうす感じながらも、実施への本格的な検討を先送りしてきた企業をその気にさせる効果に大いに期待しています。

私は、佐賀県庁で全職員4000人を対象としてテレワークを導入し、それが2年間運用されてきた結果を目にしました。さらに、多くの企業や自治体でのテレワーク導入の相談を受け、講演会場でもさまざまな相談を受けた経験から、それほど遠くない将来、テレワークがかなりの速さで社会に浸透していくと見ています。現時点で躊躇している企業や地方の背中を押す「きっかけ」さえあれば、一気に流れが加速する予感を感じています。

2020年のオリンピック・パラリンピック東京大会期間中の、東京での業務継続への企業や団体、官公庁のとる対策は、その起爆剤になり得るかもしれません。これを突破口として、テレワークの普及が大きく進むことを期待したいものです。

次の章では、すでにテレワークで大きな効果を挙げている、企業や地方にスポットを当てて紹介していきます。実際に成功した事例を見ることで、テレワークというものが、より具体的にイメージしやすくなると思います。

ロンドンオリンピック・パラリンピックでのテレワーク実施

事前対策

2012年のロンドン大会期間中、交通機関の混雑で市内での通勤に支障が生じると予測された。そこでロンドン市交通局が、企業などにテレワークを呼びかけ。通勤混雑の回避を試みた。

企業などの賛同

これに対して、ロンドン商工会議所や企業、市民が賛同し、開催期間までに市内の８割の企業がテレワークを導入。

成功

テレワーク実施により、生産性の向上、働き手の満足度の向上、ワークライフバランス、事業継続計画（ＢＣＰ）などにおいて成果があった。

INTERVIEW 1

テレワークで人々の働き方を変えていく

総務省の長年にわたるテレワーク推進への取り組み

総務省は長年にわたってテレワークを推進してきました。それは「働き方改革」という言葉が叫ばれる、はるか以前からです。ところが企業に広く浸透するまでには至りませんでした。その要因はいくつかありましたが、テレワークの概念に情報通信の技術が追いつかなかったことが最大の障壁と考えられています。

しかし、今やパソコン、スマートフォン、モバイル端末など、私たちのまわりには情報通信端末があふれています。こうした機器は瞬時に大量の情報やデータを送信したり、収集したりできます。現に働き手世代で、仕事であれプライベートであれ、これらの恩恵にあずかっていない人はまずいないでしょう。もはや情報通信技術（ＩＣＴ）は特別なことではなく、身近な当たり前の道具としてわれわれの生活になじんでいます。

そんな時代の中、今まさにテレワークへの期待が高まっています。それを後押しするのが総務省をはじめ、関係省庁です。ここではテレワークの現状や課題のほか、今後の推進策、そして国民的運動として盛り上げていこうとしている「テレワーク・デイ」について、お話を伺いました。

※このインタビューは２０１７年５月に行われました。文章の内容や日付に関しては収録時のまま掲載しています。

コメンテーター
総務省 情報流通行政局 情報流通振興課長
今川 拓郎氏

私たちの働き方は、今まさに過渡期を迎えている

総務省は1980年代からテレワークを推進しています。その頃から今に至るまで思い描く絵はほぼ同じです。「緑豊かな環境の中、広いオフィスで、ICT（情報通信技術）を活用して仕事をする。満員電車に揺られることもなく、快適に仕事をして、生産性もあがる」というイメージです。

しかし、これがなかなか実現できませんでした。

その理由はいくつかありますが、「顔を合わせて仕事をしなければいけない」という、日本社会の慣習や価値観が大きな壁になりました。そして何よりも、パソコンや携帯端末、通信速度など、肝心の技術が整っていなかったのが最大の理由です。現在、テレワークの機運が過

去に比べて高まってきているのは、さまざまな技術がテレワークのコンセプトを実現できるレベルまで発達したからだと思います。

政府の「働き方改革実現会議」のなかで、取り上げるテーマの5番目に「テレワーク、副業・兼業といった柔軟な働き方」が掲げられています。政権の重要課題にテレワークが役立つことで、われわれもアピールしやすくなりました。

もちろん、テレワークだけで解決できるわけではないのですが、大きな効果が期待できる重要な手段としてアピールできます。

例えば「一億総活躍社会」というテーマになぞらえれば、育児と仕事の両立や介護離職防止に有効な手段であることを訴求できます。

さらに、「地方創生」という文脈では、徳島県神山町の例が典型的でしょう。人口約6000人、2500世帯の山間の町にサテライトオフィスを設置したところ、東京のベンチャー企業が相次いで進出しました。ここで働く価値を企業が見出したのです。

テレワークは情報通信系の企業だけのものではない

セミナーなどで講演していると「テレワーク＝在宅勤務」というイメージが世間一般に強いことを感じます。しかし、実際はサテライトオフィスの利用や出張中のモバイルワークも、テレワークになるわけです。それを聞くと多くの人が、自分もテレワーカーに含まれていることがわかり、意外に感じるようです。

業種別にみても、情報通信業では広く認知されていますが、他の業種ではテレワークの語が浸透していません。このあたりを今後、改善していかなければなりません。ただ、テレワークを導入するのはこれまで情報通信系の企業が中心でしたが、昨年（2016年）あたりから風向きが変わってきました。トヨタなどの巨大企業も導入を始めています。以前は、製造業は導入が難しいといわれてきましたが、トヨタの場合は事務系の職種を広くテレワークの対象にするなど、工夫して導入しています。

ほかにも、銀行はセキュリティの観点からハードルが高いといわれていましたが、メガバンクにも次々導入されています。現在では業種にかかわらず、導入が進んでいます。

普及状況は、企業全体で見ると16％強です。大企業は半数近くがテレワークを導入しているのですが、中小企業に関しては11％程度で、全体でならせば導入率はまだ低い状況です。

また、導入していても、テレワークを実施している人が5％以下という企業が半数以上で、社内の制度はあっても利用する人がまだ少ないという課題も抱えています。

テレワーク導入で成果をあげている企業がある

テレワーク導入を見送る企業にその理由を伺うと、「社内コミュニケーションの阻害」をあげる企業が多いです。お互いの顔が見える環境で仕事をしないと、業務に支障をきたすのではないか、という点が不安のようです。「会って話をして、紙で説明して、お辞儀して、というスタイルでなければならない」という日本社会の価値観です。

そのほか「セキュリティが心配」「適した仕事がないのでは？」「労務管理できない

のでは？」という心配もあるようです。しかし、実際に導入して成果をあげている企業のノウハウをみれば、そのどれもが心配のないことがわかるでしょう。

7月24日は「テレワーク・デイ」

テレワーク関係府省連絡会議というものがあります。主に総務省、厚生労働省、国土交通省、経済産業省の4省が連携して、テレワークを推進していく体制です。そのなかで総務省が取りまとめの役割を担っています。

これまでもテレワーク普及のため、2015年から11月を「テレワーク月間」と定め、イベントなどで集中的にPRしてきました。しかし、まだテレワークの認知度が不十分なため、今後は国民運動的に盛り上げようと考えています。

その目玉になるのが2017年7月24日のテレワーク・デイです。

これは2012年のロンドン五輪をモデルケースに、各企業にテレワークの導入を促すイベントです。当時、観光客の大幅な増加を予測したロンドン市交通局が、交通機関の混雑緩和をめざして、大会期間中のテレワーク導入を各企業に呼びかけました。

約8割の企業がこれに応じ、この試みは大きな成果をあげたようです。

東京五輪まではまだ3年あるので、初年度（2017年）は1日だけ予行演習として「みんなでテレワークを一斉に実施しましょう」と呼びかけています。大企業にはできるだけ100人単位で参加していただき、効果の検証をお願いする予定です。

東京の交通機関の利用者数、電力使用量、小売店の販売量などの変化（都心で減って郊外で増えたなど）を測りたいと考えています。そのためには何万人といった参加数がないと、目に見える効果を測定できません。当日に向けて、なるべく多くの企業に参加をお願いしているところです。

なお、これは東京五輪を契機としたものですが、テレワークの日であるため、地方も含めて全国規模で展開していきたいと考えています。こうした催しが浸透すれば、全国的にテレワークの認知度も上がると期待しています。

こうした機会にテレワークを体験しておけば、単に混雑時の対策としてだけではなく、事業継続計画（BCP）という観点でも有効と思われます。例えば都市の交通機関が一斉に止まったと仮定して、「テレワーク・デイは全員が出勤しないで業務を続けてみる」といった実験に使っていただくのもいいでしょう。

総務省は、情報通信のネットワークの安全性・安定性の確保にも注目しています。どれだけの規模の人が一斉にアクセスするのか、各企業の情報システムのゲートウェイの部分は大丈夫か、そういった観点でも世間に注意喚起しつつ、検証を行いたいと思います。

テレワークを全国的に普及させるために

東京都では、「満員電車ゼロ」を実現するため「快適通勤ムーブメント」という取り組みを7月11日から25日にかけて行います。

これは各企業にテレワークの実施のみならず時差出勤やフレックスタイム制度の活用もお願いし、快適な通勤を体験してもらうことで、その後も通勤ラッシュ回避のために通勤時間をずらす働き方改革をはかるのが狙いです。

「快適通勤ムーブメント」の期間中である7月24日にテレワーク・デイを実施することで、東京都とも連携して国民運動を盛り上げていきたいと考えています。

地方にも積極的に呼びかけ、地方でもテレワークを実施していただきたいと思います。東京と同じように満員電車の混雑緩和がテーマとなる地方都市もあるでしょうが、地方では違う観点から、テレワークの必要性を訴えることもあるでしょう。例えば、豪雪や台風といった自然災害で通勤できない状況になりやすい地域では、事業継続計画の対策としてのテレワークを訴求してもいいでしょう。

まず、この1日でテレワークを体験してもらい、理解を広めてもらいます。そして来年からは「テレワーク・デイ」を「テレワーク・デイズ」、さらにその先は「テレワーク・ウィーク」へといった展開ができれば理想的です。前述した「テレワーク月間」も絡めて、さまざまな形で普及と定着を目指していきます。

このほか、総務省では、これまで実施してきたテレワークのセミナーや表彰制度なども継続させていきます。また、病院や育児施設の近隣に「コワーキングスペース」を作る際の補助も行っています。

さらに、地方にサテライトオフィスを設置することで、都市から地方への人や仕事の流れを生み出す「ふるさとテレワーク」の推進も引き続き行い、地方創生にも貢献していきます。

テレワーク導入をサポートする

総務省では「テレワークマネージャー派遣事業」も行っています。これは企業などにテレワーク導入の実績をもつ専門家（テレワークマネージャー）を、申請のあった企業に無料で派遣する事業です。まず、専門家が訪問してテレワークの効果やシステムの導入方法などを説明。その後、導入が決まった場合は、トライアルや正式導入への支援も行います。

これまで数名の企業から数万の大企業まで、導入の相談がありました。また、東京だけではなく、地方の企業からも相談があります。

なお、テレワーク導入の支援は厚生労働省にも窓口があり、一般社団法人日本テレワーク協会でも相談にのってくれます。

INTERVIEW 2

省をあげてテレワーク普及に取り組む厚生労働省

テレワークの「労務管理ガイドライン」策定を目指す

今回、厚生労働省のテレワークに関する取り組みを取材させていただき、「いよいよ本腰が入ってきたな」という印象を強く受けました。勿論、これまでもさまざまな普及促進事業を行われていましたが、２０１７年度から新規でスタートする事業には、働き方改革を是が非でも進捗させるという強い意志が反映されているように感じました。

日々、テレワークに関するご相談を多くいただいている身としては、今回伺った厚生労働省の新しい事業は、おしなべて現場の求める、すぐに役に立つものが多くなっていると感じます。例えば、省の管轄である労務管理からテレワークの普及に切り込む「新たなテレワークガイドライン策定」が、その代表例です。多くの企業が、テレワーク導入にあたって、どのように運用したらよいのかという制度面で悩むところが多いので、国によるテレワークのガイドライン策定はこうした懸念を払拭することが期待されます。

さらに、保育施設に近接したサテライトオフィス事業も注目されます。

※このインタビューは２０１７年５月に行われました。文章の内容や日付に関しては収録時のまま掲載しています。

コメンテーター
厚生労働省 労働基準局 勤労者生活課長
平嶋 壮州氏

企業のテレワーク導入を支援する

　厚生労働省では今までもいろいろな取り組みを行ってきましたが、テレワークは労働時間の管理が難しいので、ここをどうクリアするかが課題としてありました。その点が曖昧なままテレワークが普及すると、かえって労働時間が増えるなどの問題点が出てくる懸念があったからです。

　しかし、現在ではそうした面も、さまざまな周知活動やガイドラインの策定でしっかり示していけますので、厚生労働省をあげてテレワークの推進に取り組んでいます。

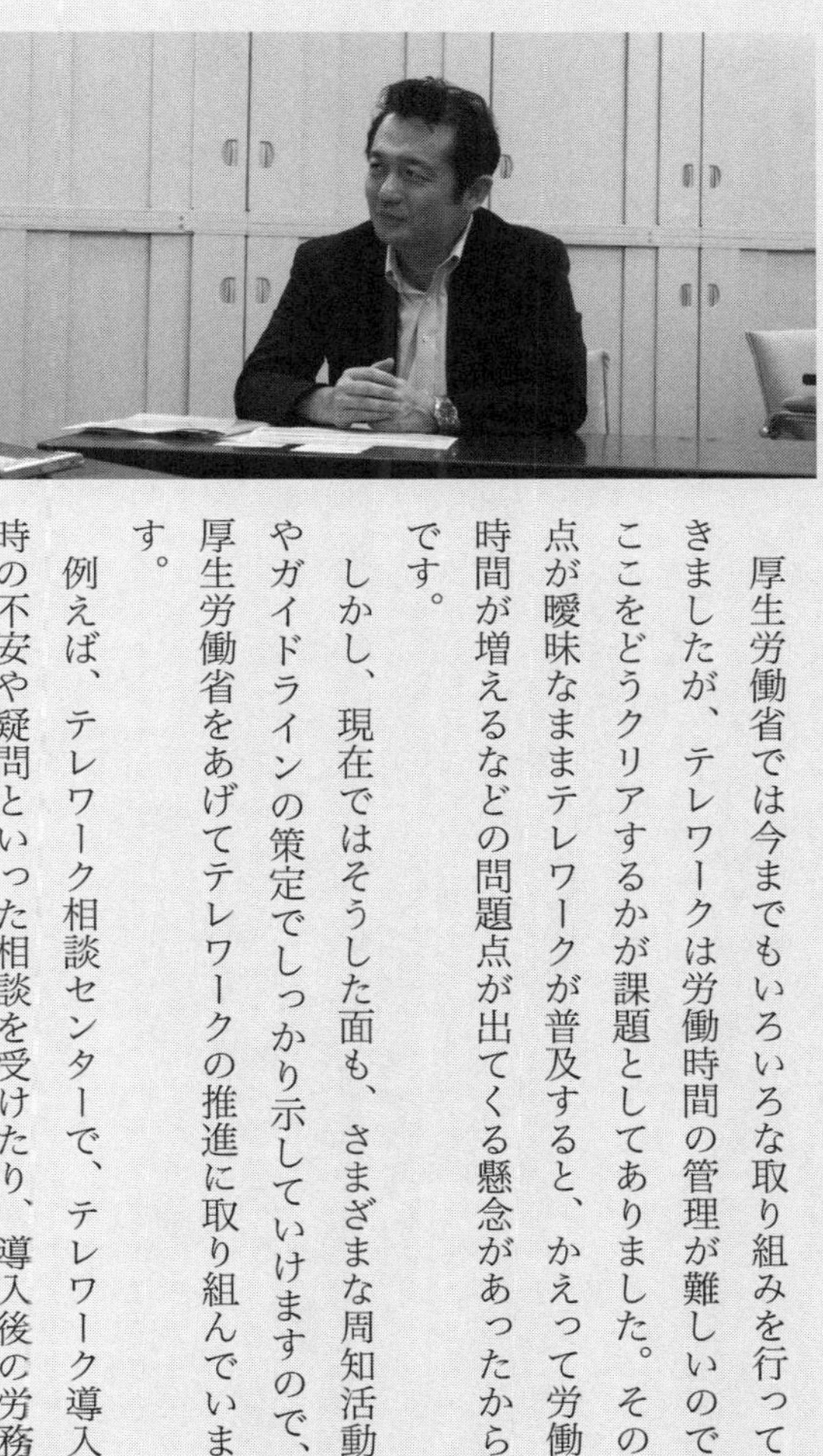

　例えば、テレワーク相談センターで、テレワーク導入時の不安や疑問といった相談を受けたり、導入後の労務

管理上の課題などの相談に答えています。

また、テレワークなどに取り組む中小企業向けに、導入にかかった経費を助成する「テレワークコース（職場意識改善助成金）」という制度があります。企業の取り組み内容にもよりますが、一企業に最大150万円までの助成を行います。

このほかにもテレワークの普及に向けた、企業および働き手へのシンポジウムや、テレワーク実施企業による体験談などを紹介するセミナーも開催しています。

働き方が一変する日は近い

こうした取り組みを行う中で、数年前とは社会の空気が少し変わってきているように感じています。テレワークに限らず、「働き方改革」全般について企業の関心が高まっているようです。もちろん、テレワークに関しても「話を聞かせてほしい」という要望が確実に増えていて、みなさんの反応もいいようです。企業の方から個別に相談を受ける機会も多くなっています。

総務省の調査では、テレワークの普及率が16％ですが、これがある一定の数字に達すると、その後は一気に増える可能性もあるのではないでしょうか。いまは離陸する寸前のような雰囲気も感じます。

テレワーク導入の不安を払拭する

２０１７年からは新たな取り組みもいくつかスタートさせます。そのなかでとくにアナウンスしたいのが「新たなテレワークガイドライン策定」です。

テレワークを導入したいが「労務管理（労働時間・進捗管理）が難しい」「セキュリティが心配」という声が、これまで企業側から多数寄せられました。こうした課題を解消するために、新たなガイドラインを策定することを考えています。

セキュリティに関しては担当の総務省がガイドラインを作成します。われわれはテレワーク導入で労働関係の法令をどう適用するかなど、課題となる要項を企業からヒアリングし、テレワークガイドライン策定に活かします。ガイドラインでは「時間管理のやりかた」「長時間労働にならない工夫」など、労務管理のさまざまな観点から事例を広く集める予定です。

例えば「夜はサーバーを止める」「夜10時以降のテレワークは月に10時間まで」など、みなさんルールを決めてやっています。こうしたモデル例をさまざまに集めて、紹介したいと思います。

先ほど紹介した、総務省の「セキュリティ管理のガイドライン策定」と歩調を合わせてやっていきますので、今後はこうしたガイドラインを参考に、テレワーク導入を検討していただきたいと思います。

子育て世代の女性の負担を減らしたい

ワークライフバランスの観点で、とくに子育て世代の女性に向けた事業をスタートさせます。

これは都市近郊のターミナル駅の至近で、保育施設に近接したサテライトオフィスを設置するものです。都心まで出てこなくても、自宅から近いエリアで子どもさんを預け、お母さんも働ける環境を整えます。

現段階では都心から1時間圏、千葉県から環状でぐるりと神奈川県まで、近郊の11

ヶ所への設置を予定しています。道路網になぞらえれば、国道16号が通る地域をイメージしていただくと、わかりやすいかもしれません。

通勤時間の削減や通勤でのストレスの軽減になれば、仕事と生活のアンバランスも解消されると考えています。

なお、この事業に関しては、沿線の電鉄会社の協力にも期待をしています。もともと駅や沿線に豊富な施設やインフラを持っておられますので。

テレワークを導入した企業の声をシェアする

動画配信などを使った促進事業も新しく進めていきます。

この「テレワーク宣言応援事業」は、テレワークを導入済み、またはこれから導入する大企業に「テレワーク宣言」をしてもらい、その取り組みの様子を動画にして発信していくものです。実際に導入をしたら、どんな課題があったか、メリットがあったか、そうしたリアルな姿をそのまま厚生労働省のホームページなどで配信します。

「あの企業がやっているなら、わが社もやってみるか」「これならわが社にも導入できそう」、そうしたニーズが喚起できればと考えています。

働き方が変わるきっかけとなる日「テレワーク・デイ」

7月24日のテレワーク・デイについては、厚生労働省としても企業がテレワーク導入に踏み切る機会として期待しています。テレワーク・デイに向けて、テレワーク推進で連携する4省で、それぞれの所管する業界に協力を働きかけていきます。

また、テレワーク・デイの実施に合わせて、厚生労働省と東京都とが連携して、テレワークに関する相談に対応するためのワンストップ窓口を飯田橋にオープンします。これは国家戦略特別区域の制度を活用して設置するものであり、テレワーク・デイを契機にテレワークを始めようとする企業に、具体的な導入支援をすることができます。国家戦略特別区域であれば全国どこでも手を挙げられるものですので、今後の広がりにも期待したいところです。

さらに、東京都も働き方改革に熱心であり、東京都ではテレワークの活用などで働き方改革を推進する企業を募集する制度を設けているため、今後はこうした企業へのテレワーク説明会なども行えればと考えています。

われわれとしては、テレワーク・デイがひとつの起爆剤となって、テレワークがさらに世の中に周知されることを願っています。企業だけではなく、働く人にも関心をもっていただければ何よりです。また、都会だけではなく、地方の企業や働き手にもメッセージを送りたいと思っています。

3章

「働く」の概念を一変させた3つの先進的な組織

テレワークの導入で、業務効率や業績の向上を実現した3つの組織

2章ではテレワークの効果やメリットなどについて紹介しました。

この章では、すでにテレワークを活用して、目に見える成果を挙げている3つの組織（佐賀県庁、カルビー、セールスフォース・ドットコム）を紹介します。具体的な事例を紹介することで、みなさんの理解をより深めていただき、テレワークによりどのような世界が開かれるのかをイメージしていただくのが目的です。

最初に取り上げるのは、私が2016年の3月まで最高情報統括監（CIO）として携わってきた佐賀県庁の事例です。なお、この事例に関しては、5章でもテレワーク導入に際しての具体的な注意点やポイントなどを紹介しますので、ここでは主に、テレワークの導入によってもたらされた具体的な効果やメリットについて紹介します。

次のカルビーの項では、テレワークの推進の成功には、トップのイニシアティブと、目指すべきポリシーの明確化と全社への浸透が必要であることを紹介します。

さらに、セールスフォース・ドットコムの項では、企業が地方でサテライトオフィス運営を成功させるための知見を紹介します。

佐賀県庁については自分が当事者として関わりました。また、カルビーとセールスフォース・ドットコムについては2017年5月に取材を行いました。お話を伺っていくうちに、2つの組織のいずれからも、私が佐賀県庁でのテレワーク導入で意識していた点と同じことが成功要因として語られました。そんな共通点を列挙します。

・テレワーク導入の目的を明確にする
・強いリーダーシップを持って推進する
・制度とシステムなどのインフラは整えた上で、組織風土の醸成を図る

これらはきっと、テレワークを導入して成功させるために必要な要素なのでしょう。

また、テレワークを導入することで、「オフィスに縛られない働き方」が実践されており、その結果として、「社員や職員が直面するライフイベント（結婚・出産・親の介護など）により、仕事がしにくい状況を少しでも緩和する」という状況が生まれているということです。

こうしたポイントを意識して、この後の3章を読み進んでください。

テレワークの先行事例・成功事例 その1

佐賀県庁

業務効率の改善、非常時の業務継続、ワークライフバランスの向上など、県庁職員4000人の働き方を変えたテレワークの効果

佐賀県庁では2014年10月から、全職員4000人を対象にテレワークを導入しました。導入して間もなく、「業務効率の改善」「非常時の業務継続」「ワークライフバランスの向上」「遠隔地間のコミュニケーション改善」など、目に見える形で効果が現れてきました。これは新しい環境を有効に活用した職員の創意工夫と努力のたまものであると同時に、何のためにテレワークを導入するのか、という目的を明確にして職員へのコミュニケーションを図ったことなどが大きな要因と見ています。

大規模な導入をどのように進めていったかは5章で紹介することとし、この3章では佐賀県庁の中でどんな効果が生まれたのか、とくに顕著な効果を挙げている実例で紹介していきます。

Government Data

佐賀県庁

2008年から全国に先駆けて在宅勤務制度を導入するなど、働き方改革やICT利活用への意識が高い地方自治体として知られている。2014年にテレワークを全職員対象に導入。その利点を活かした業務の推進によって、質の高い行政サービスが提供されている。

佐賀県テレワーク全庁導入への道のり

2008年1月	在宅勤務制度の導入（育児・介護中の職員が対象）
2011年3月	東日本大震災発生
2012年12月	安倍内閣発足、女性の活躍推進が政策課題に
2013年8月	テレワーク導入の実証実験開始
2014年10月	4000人の全職員を対象としたテレワーク開始

最初は利用者が増えなかった在宅勤務制度

私は佐賀県の3代目の最高情報統括監（CIO）として2011年4月から2016年3月まで、任期付きの正職員として丸5年間、佐賀県庁で働きました。

佐賀県の最高情報統括監は、県政のあらゆる面でICT（情報通信技術）を利活用するため、その専門的な知識と経験をもつ人材を広く外部から公募しているものです。

じつは私の着任する約3年前の2008年1月から、佐賀県庁は全国の自治体に先駆けて在宅勤務制度を導入していました。育児・介護中の職員を対象としてスタートした制度ですが、利用者が年に10人程度と少なかったため、途中で全職員対象と制限をなくしたものの利用者数に変化はなく、さらに、ノートパソコンを貸与してリモートで業務を行えるようにし、テレビ会議ができるようにもしましたが、利用者は増えませんでした。

東日本大震災が事業継続への関心を高める

そんな折、私が佐賀県庁に着任する直前の2011年3月11日、東日本大震災が発生したのです。この震災により、大規模災害発生時の業務継続や現場対応、といった課題が全国的にクローズアップされました。

震災被害の実例として、役所内に保管していた紙の資料や、サーバーに蓄えられていたデータが失われたケースも多々あり、クラウドでの分散データ管理が強く意識されました。また、震災の混乱で電話回線が機能しない中、稼働を続けたインターネット上のサービスによる情報伝達の有用性も周知される機会となりました。

加えて、職員が登庁できない中で、どのように連携して業務を続けるのかということとが、あらためて強く意識されるきっかけにもなりました。こうした教訓から、非常時においても業務を継続させるための「事業継続計画（ＢＣＰ）」（Ｐ43参照）を早急に策定する必要に迫られていたのです。

国が女性の活躍推進を掲げたことも、導入の追い風に

東日本大震災の翌年、２０１２年に安倍内閣が発足。女性の活躍推進を重点的な政策課題に掲げました。女性が出産を経た後も仕事を継続でき、子育てや介護に男女問わず参画をして、誰もが仕事と家庭の両立がしやすい労働環境や地域福祉の改善が叫ばれるようになりました。

当時、佐賀県庁の女性管理職の割合は５・５％（２０１２年４月時点）と、けっして高い水準ではありませんでした。そこへ「女性の活躍推進」が国の政策として打ち出されたこともあり、利用者が思うように増えない前述の「在宅勤務制度」に対する再検討が求められるようになったのです。

さらに県庁内では、もうひとつ深刻で構造的な問題が存在していました。

県庁職員の年齢分布を見ると、40代、50代の職員が他の世代よりも格段に多く、今後、この世代の職員が親の介護に関わるようになります。有休を取得して介護や病院への送迎などを行う職員も現れ始めており、今後のことを考えると、介護離職も現実的な問題となってきていました。

かたや、職員数の少ない20代から30代前半の世代は、出産や育児と仕事の両立をいかに図るかという課題がありました。他の世代と違い、この世代は人数が少ないうえに女性の比率が高く（約50％）、出産や育児による女性職員の離職のインパクトは他の世代よりも大きくなります。

この2つの年代層に向けた離職防止対策を講じないと、当事者だけではなく業務を連携している、まわりの職員にも悪い影響が及びかねません。人事部門と情報部門との間で、これらの課題への対策を検討する会議の頻度が増えていきました。

県庁内の状況がテレワーク導入へと向き始める

私は佐賀県の最高情報統括監に着任する前は、マイクロソフトの日本法人に16年間勤務しました。2章でも述べたように、当時から相手がどこにいても、距離や時間を意識することなく仕事をしていました。とは言え、その経験を活かして、赴任当初から県庁へのテレワーク導入を図ったわけではありません。正直なところ、県庁でテレワークを実践することは無理だと思っていました。

プロセスよりもスピードと成果を重視し、業務に先端技術を惜しみなく利用する外資系ＩＴ企業だからこそテレワークが実現できていたのであって、紙重視で、スピード感よりも正確性と手続きを重んじ、変化を嫌う日本の地方自治体でテレワークを導入するためには膨大なエネルギーが必要になると感じていました。

ところが、ここまで紹介してきたような出来事が段階的に起こり、働き方に関わる諸課題が追加されていく中で、「これはテレワークの導入で、一気に全部片づけられるのではないか？」と考えるようになっていきました。

結果的に全庁を対象にしたテレワーク導入を実現できたのは、積み重なった複数の課題の解消という目的が明確になっていたことと、情報部門や人事部門、業務改革部門などに、それぞれ熱意のある、型にはまらない職員がそろっていたという幸運にも恵まれたからです。そして何より、当時の古川知事の「働き方改革」に対する強い問題意識とリーダーシップがあればこそ、成し遂げられたものでした。

緊急時の事業継続にもテレワークが大きく貢献

２０１４年10月に全県庁職員４０００人分の仮想デスクトップ環境を用意することで、自分のデスクのパソコン以外の端末からでも、インターネット経由で自分の執務環境にアクセスできる環境を整えました。同時に約１０００台のタブレット端末を各担当部門に配布することによって、全庁的なテレワークを行っています。

ここに至るプロセスはけっして平坦な道ではありませんでしたが、非常に短期間のうちに全庁へのサービス展開を行うことができました。その詳細は5章に譲ることにし、ここからは導入後の効果として成果を挙げた事例を紹介します。

それはテレワークの全庁導入から、わずか３ヶ月後に起きました。

２０１５年1月17日、佐賀県有田町の養鶏農家で鳥インフルエンザが発生したのです。県はすぐに農林水産省へ状況を報告するとともに、併せて専門検査機関へ検体を送りました。

ＤＮＡ鑑定の結果、「強毒性」の判定が下ると同時に、佐賀県庁内に対策本部を設置。72時間をめどに同施設内の全個体を殺処分する体制に入りました。また、他の養鶏場などへの伝染を防ぐため、発生箇所を取り巻く道路を通過する車のタイヤを消毒する必要がありました。

対策本部では現場の情報を収集し、交代で動員する職員の管理と輸送、家畜保健衛生所の担当者は国へ情報を逐一あげるとともに、広報部門は報道機関への対応など、県庁の組織としての総合力が問われる緊急事態です。このほかにも、県産の鶏肉や鶏卵に対する風評被害を未然に防ぐ広報活動も大切になります。

佐賀県では、事前に「鳥インフルエンザ対策マニュアル」を策定していましたが、県庁や有田町役場のほぼ全職員がシフトを組み、24時間体制で対応しなければならない状況でした。

この日、1月17日は土曜日でしたので、職員の多くはリラックスした休日を過ごしていました。その中で全職員に緊急連絡網を通じて、現状の説明と今後の見通しなどが一斉に伝達されたのです。

まさにこのとき、テレワークのために稼働させていた、県庁の仮想デスクトップサーバーへのアクセス数が急上昇しました。これは多くの職員がテレワークの環境を活用して、登庁することなく、自宅や外出先から対応マニュアルを確認したり、上司や同僚、部下と連絡を取り合っていたりしたことを物語っています。

テレワークが導入されていなければ、連絡を受けた職員はすぐに県庁に出向き、対応マニュアルを確認。その後、急いで帰宅して準備を整え、再度、県庁に向かうという流れになったでしょう。「テレワークのおかげで、落ち着いて対応することができた」という声を多く聞きました。また、自宅と県庁を何度も往復する必要がなくなったので、自分の出動が必要な時間ぎりぎりまで、その日の本来の予定をそのまま続けられたという感想も多くありました。

国への報告などの重要な任務で、現場で対応に当たった家畜保健衛生所の職員も、「今までは現場で撮影した写真データを事務所に持ち帰り、パソコンを使って各方面へ報告していた。ところが、テレワーク導入で配布されたタブレット端末を使い、撮影した写真をその場でサーバーに保存することで、すぐに関係者と情報を共有できた」と導入したばかりのテレワークの効果を実感したようです。国とのやりとりもタブレット端末などを使い、事務所との間を往復することなく、現場から迅速に行えたそうです。

休日に発生した鳥インフルエンザの対応の他にも、台風や大雪という悪天候時の業務継続にテレワークが力を発揮したことは、すでに2章で述べました。

テレワークを導入してから、こうした非常事態がたて続けに起きたにもかかわらず、大きな混乱やミスもなかったことで、多くの県職員がテレワークの恩恵を実感し、その信頼を増幅させていきました。

出張先からでもテレビ会議に参加。遠隔地コミュニケーションが容易に

テレワークは、遠隔地を結ぶコミュニケーションを容易にします。

テレビ会議システムについては、テレワークの全庁導入以前から利用してはいましたが、しばしば音声や画像が途切れたり、会議の設定や参加などの使い勝手が悪かったりしたので、あまり普及していませんでした。

そこでテレワークの全庁導入にあたり、テレビ会議システムの選定には調査や情報

提供の依頼を積極的に行いました。結果として、より使いやすく、より高品質なテレビ会議システムを導入することができ、これにより多くの職員が利用することにつながり、劇的な業務改善につながったのです。

一例をあげると、知事が参加する会議などは、しばしば日時の変更や調整が入ることがあり、緊急に招集されることも珍しくありません。そうなると、出張中に「明日の朝から緊急の会議が行われる」といったことや、会議に出席するために外出や出張の予定を変更する必要が生じることも起こりえます。

従来であれば、どちらかをあきらめざるを得なかったわけですが、テレワーク導入後は、インターネット回線さえ確保できれば、どこにいてもテレビ会議に参加できるようになりました。県外の出張先からでも、県内であれば最寄りのサテライトオフィスからでも、会議に参加できるのです。

こうした利便性は職員だけにとどまりません。県内各地から委員の方々に参加していただく委員会などでも、テレビ会議システムが有効活用されています。

とくに、遠隔地に住む委員の場合、1時間の会議のために往復3時間以上かけて来庁することもあります。そうなるとほぼ半日がつぶれることになり、それが大きな負担になっていたのです。

ところが、新しく導入したテレビ会議システムは、Web を通じて外部とのテレビ会議も開催できます。遠隔地の委員の方は来庁することなく、会議の開催時間だけパソコンの前にいることで参加が可能になりました。

このことは、実は、参加する方の負担が減ることよりも、日程を調整する職員にとってのメリットの方が大きかったのです。忙しい委員の方に遠隔から佐賀市の県庁まで往復していただくとなると、半日以上の予定を確保しなければなりません。それが委員会の開催されている時間だけ、パソコンの前にいれば済むとなれば、その委員の方の1時間空いている時間帯を候補として調整ができるようになり、何人もの参加者の予定を調整する係の職員の手間は劇的に減らすことができました。また、参加者全員の日程を揃えるために、委員会の開催日程が後ろにずれるということも防げるようになりました。

テレビ会議システムによる会議参加は、はじめは戸惑う方もいましたが、ほとんどの方がすぐに慣れ、今ではおおむね好評を博しているようです。

事前に想定していたものよりもかなり広く有効活用がなされました。

仮想デスクトップやタブレット端末の利用で業務効率が改善された

佐賀県庁ではテレワークを導入したことで、業務の時間短縮や、煩雑さの解消により、「業務効率の改善・向上」、「生産性の向上」の事例が多く生まれました。

なかでも、多くの職員がメリットを感じているもののひとつに、事務所外でのメールの利用があります。テレワークの導入前は、自席のパソコンとごく一部に配布していたノートパソコンでしか、県庁内のメールを使えませんでした。しかし、テレワークの全庁導入後は、インターネットがつながる環境であれば、いつでもどこでもメールを使えるようになったのです。

民間企業の方は驚かれると思いますが、庁内のネットワークでしか、メールが使えないという自治体はまだまだ多く存在しています。

それまでは東京への日帰り出張などの場合は、1日中メールを確認することができず、夜に佐賀へ帰着してから、メールの確認のためだけに県庁へ立ち寄り遅くまでメールの処理をするケースもごく普通に見受けられていました。

庁外の業務が多い部門はタブレット端末の利用で、大幅に業務効率が向上

県庁では現場に出て仕事をする頻度が高い部門が、数多くあります。それらの業務にタブレット端末を利用することで、共通して以下のような効果がありました。

・持参する資料の重さが大幅に低減した
・現地までの地図、記録用紙、説明資料などを印刷する必要がなくなった
・現地での記録をその場でタブレットに書き込むため、帰庁してからの作業が減った

2章の「業務の生産性が向上する」（P40参照）で紹介した農業改良普及センターの例のように、農業関連の部門では、タブレット端末を使った機動力の向上が業務の効率化に大きな成果を挙げています。

ほかにも、稲作の害虫被害や作況調査などは、デジカメで現場を撮影して持ち帰り、パソコンにデータを取りこみ、撮影場所と日時などを記録して保存していました。ところが現在では、タブレット端末で撮影することで、撮影日時や位置情報などのデー

タとともに、その場で共有サーバーに保存ができます。後日、写真を見る場合にも電子マップ上に写真が展開され、地図から検索することもできるため、帰庁してからの作業の効率化と、現場での生産性を大きく向上させました。

在宅勤務やサテライトオフィス勤務で、ワークライフバランスが向上

テレワークの導入は、仕事と生活のバランスをほどよく保つ効果も発揮します。例えば育児や介護、看病など、家庭の事情で出勤や働く時間に制約のある人も、テレワーク導入後は、在宅勤務で業務を行うことができるようになりました。ちなみに佐賀県庁の在宅勤務の状況は、「1ヶ月の間に1回以上在宅勤務を行った」職員の割合が、男性で13・9%、女性で18・6%となっています。

どの県でも県内全域にさまざまな施設を持っていますが、佐賀県では、総合庁舎や土木事務所などの施設の会議室の一つを、職員ならだれでも使えるサテライトオフィスとして開放しました。東京と大阪にある県の事務所も加えて合計13ヶ所のサテライトオフィスを用意しました。前述の台風や大雪のときは、自宅から近いサテライトオ

フィスで勤務する職員も多く見られました。

ある職員からは「親の介護を妻に任せていたが、在宅勤務が可能になったおかげで、自分（夫である県職員）が通院の世話をできるようになった。その結果、妻の負担が減ったことで、パートの仕事につけた」といった声が寄せられました。

育児と仕事の両立に悩みがちな子育て世代からは「台風で幼稚園が休園となった際、在宅勤務によって子どもの世話をしながら仕事ができた」というような声も寄せられました。台風や大雪で幼稚園が休園になった日に、県庁の男性職員が在宅勤務を選択し、民間企業に勤める妻は通常通り出勤したという事例もありました。

従来は「介護か仕事か」「育児か仕事か」、どちらかをあきらめざるを得なかったことが、テレワークにより両立できるようになりました。私の佐賀県庁在職当時にも、「テレワークが無かったら、去年で県庁を辞めている」といった子育て中の女性職員の声を何人もの方から聞きました。テレワークの導入は、女性の活躍推進や、育児や介護世代の離職予防にも大きく貢献しています。

ペーパーレス会議で業務改善と環境負荷の軽減を目指す

地球温暖化対策として、多くの企業が紙の消費量の削減に取り組んでいます。佐賀県でも試行錯誤を繰り返しましたが、なかなか決定打となるような妙案が見いだせませんでした。

２０１４年のテレワーク全庁導入時に、タブレット端末や軽量のノートパソコンを各担当部門に配布し、併せて会議スペースに大型のディスプレイを配備しました。これは日常的な会議において、ディスプレイに資料を投影するペーパーレス会議の実践と、テレビ会議を日常的に実践することを可能にするためです。従来のような参加者全員に紙の資料を配布する方法を変えようとしたのです。

ただし、こうした取り組みは、職員の困りごとに直結するものではないので、なかなか普及しないだろう、と予想していました。そこでまず、従前の予算査定の方法を改め、資料をディスプレイに投影する全面ペーパーレス化に変更しました。予算査定は、ほぼすべての部門が関係し、関係資料のページ数も膨大なので、当時の情報課長と財務課長の二人が取り組む価値があると話し合って決めたのです。結果は、予想を越える成果となって現れました。この二人の課長のファインプレーでした。

さらに、幹部職員による事業評価や予算調整といった重要会議でも、大型ディスプレイに資料を表示させ、参加者は自分のタブレット端末に表示される資料を確認するシステムをとりました。ここでも完全なペーパーレス化です。


ここまで、佐賀県庁がテレワークを導入した経緯や、その後に現れた効果を紹介してきました。一般に言われる「テレワークに期待される効果」がさまざまに現れ、成功例として紹介しやすい事例です。

この項の冒頭で述べたように、佐賀県の場合は、最初にテレワーク導入の明確な目的があったことが成功の要因になっています。他にも成功の要因はいくつかあるのですが、それは5章の中で触れていきたいと思います。

民間企業とは異なり、変化を嫌う体質のお役所がここまで変化できたので、ぜひ皆さんの組織でも、はなからできないものとして諦めるのではなく、本書を参考にして検討を始めていただきたいと思います。

テレワークの先行事例・成功事例 その2

カルビー株式会社

「制度だけつくっても成功しない」。
トップの考えを社員が納得したうえで行動する。
この企業風土がカルビー躍進の原動力。

ここ数年、老舗の菓子・食品メーカーである、カルビーの動向に注目が集まっています。経営努力による着実な躍進はもとより、在宅勤務やオフィスのフリーアドレス化など、働き方改革のトップランナーとしての認知が広まっているからです。

ともすれば、働き方改革の先進企業としての側面だけが喧伝されがちですが、そのベースにはしっかりとした企業ポリシーがあり、それを実現するための制度と、実践する社員の高い意識があることを見過ごしてはいけません。さらにその底流には、「トップがコミットし、社員が納得したうえで行動にうつす」という、カルビーの企業風土が流れています。

Company Data

カルビー 株式会社

数々のヒット商品を生み出した、菓子・食品のリーディングカンパニー。つぎつぎと経営改革を実施し、その成果が着実に企業の成長へと結びついている例として、業界を超えて注目を集めている。
本社：東京都千代田区

カルビー株式会社
コーポレートコミュニケーション本部　広報部部長
田中 宏和氏

人事総務本部　人事総務部
中村 有佑氏

2009年の経営陣交代から、経営改革がはじまった

左から、広報部 田中宏和さん、人事部 中村有佑さん

カルビー株式会社（以下カルビー）の創業は1949年。以来、菓子・食品メーカーとして70年近く、業界をリードしてきました。数々のロングセラー商品を世に送り出し、子どもから大人まで幅広く親しまれている会社です。

その歴史や実績から見ると堂々たる老舗企業で、昔ながらの堅実な企業経営をしているイメージがあります。ところがここ数年の同社の動向を見ていると、経営のイノベーションとして、オフィス改革や働き方改革の推進、ダイバーシティへの取り組みなど、革新的な企業イメージが定着しています。

業界のリーディング・カンパニーだけにとどまらず、「時代の先端を行く働き方」の見本として認識されて

います。テレワークやオフィスのフリーアドレスなどをいち早く導入し、業績でも成果を挙げている先行例として、私も以前から注目していました。

こうした変革や躍進がいつ頃から始まり、それがどのように社員に浸透したのか、ここからはカルビーの経営革新の歩みを紹介していきたいと思います。その経過を見ていくと、テレワークをはじめとする新しい働き方が、企業ポリシー実現のために必要なこととして、ごく自然に導入されたことがわかります。

まず、会社にとって大きな変化が2009年に起きました。

広報部の田中さんは「2009年にそれまでの同族経営を脱して、生え抜きの伊藤秀二を社長に、そして現会長の松本晃を社外から迎えました。こうしてパブリックカンパニーとなってから、さまざまな変革が始まりました」と言います。それまではどちらかといえば、創業者一族を中心とした内向きの会社、と言われていたそうですが、トップの交代後は、積極的に社外へも目を向けるような変化が見られたそうです。

翌2010年には本社を東京駅にも至近の丸の内に移転。ここから現職である松本会長と伊藤社長の新体制による、本格的な経営革新が始まっていきます。

経営者のビジョンと、なすべきことが明確にされる

新体制のトップがはじめに打ち出したのは、「イノベーション（成長戦略）」と「コスト・リダクション（費用削減）」という経営の二本柱です。これは会社の継続的な成長と高収益体質を実現するための企業ポリシーです。

そして、この方針を現実化するためには、社員が自分の役割と責任を理解し、当事者意識で課題をクリアしていく「自立的実行力」を備えることが必要、というトップの見解も示されました。前述した「内向き志向」からの大きな転換です。

さらに、このような社員の行動をバックアップするためには、会議や書類などの「簡素化」、人事などの「透明化」、組織の「分権化」の必要性が示されました。その後、この3つの課題を実現すべく、オフィス改革でのフリーアドレス化や、働き方改革での在宅勤務の導入など、さまざまな制度が実施されていきます。

ここで注意したいのは、マスコミや私たちの注目が、フリーアドレスや在宅勤務などの個別の取り組みにのみ集中するということです。たしかにカルビーが実践したこれらの取り組みは、目新しく、世間の注目を集めやすいものです。しかし、それらの

取り組みを機能させ、業績拡大にまでつなげていることの本質は、企業の活動を変革して強い組織にしていくために、そのような働き方が必要になったということなのです。

「成功している事例があるので、その手法を取り入れよう」ではなく、「この目標を達成するには、どんな手法が必要なのか」といった順番で考えていかないと、いくら素晴らしい制度や試みを表面上導入しても、うまく機能しないことが多いのです。

テレワーク成功のカギとなった、働き方改革の推進

新体制の下、トップから働き方改革のポリシーが示され、それを実現するための「社員の取るべき姿勢」や「社員の働きを支える制度の目標」も明確になりました。こうした流れの中で、働き方改革が推進されていきます。

トップから示された働き方改革のポリシーを以下に挙げてみます。

1　成果主義（Commitment & Accountability）

2　会社は学ぶところではない

3　終わったら帰れ
4　個人の成長なくして企業の成長なし

1の成果主義は、会社と約束したことは実現する、ということです。「以前から成果主義はありましたが、経営陣が替わって以降、それがより鮮明になった印象があります」と、田中さんは言います。

2はユニークな言葉ですが、会社は学んだことを活かして成果を出す場所である、という意味合いです。「カルビーでしか学べないことしか教えない」との言葉が添えられています。

3も印象に残る言葉です。成果主義にあっては「会社と約束したことができたら、いつでも帰っていいですよ」ということ。これは松本会長が外部講演などでもよく口にする言葉だそうです。さらに、「充実した生活が個人の成長へ」ということも示されています。

4はその言葉のまま、ライフワークバランスの実現をうたっています。よくいわれるワークライフバランスではなく、ライフ（人生・生活）が先になっている点に注目

カルビーの売上高と営業利益の推移

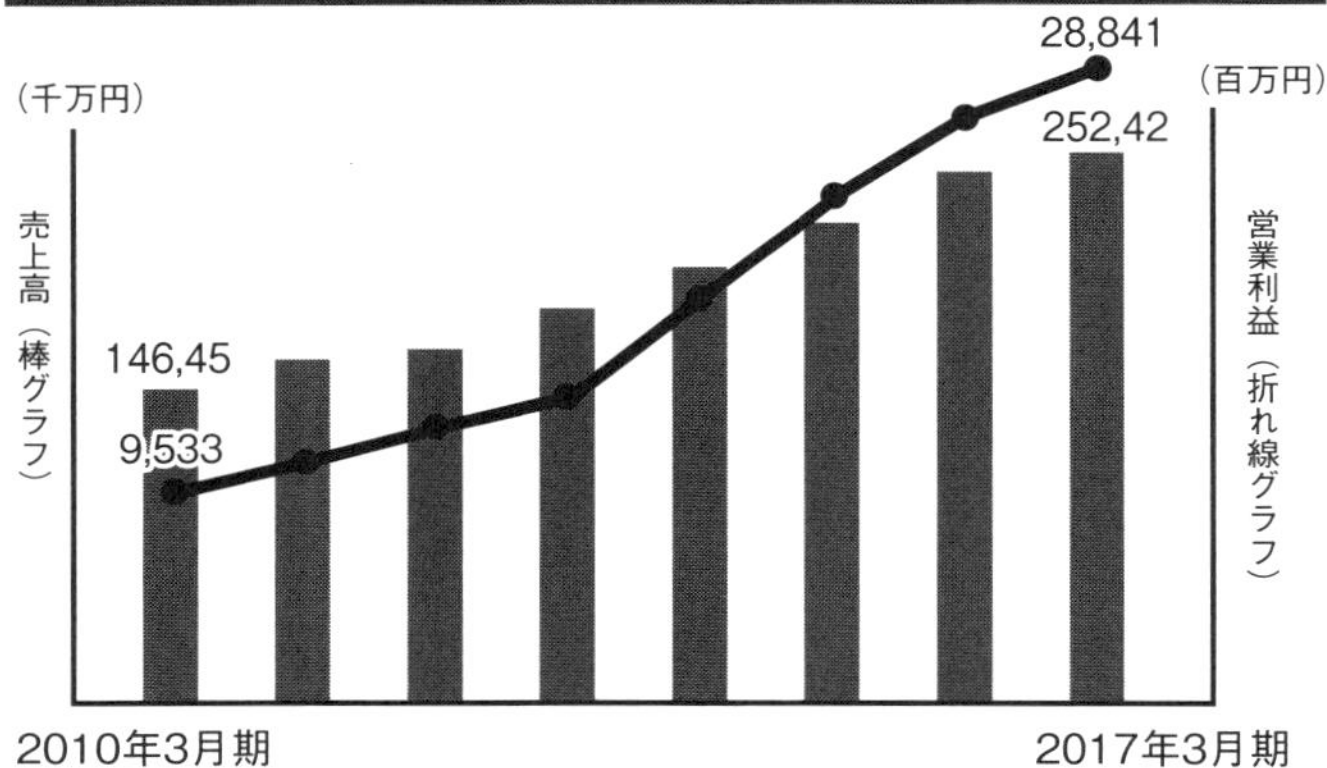

カルビー提供資料をもとに作成

してください。はじめに「人」ありきで会社や仕事を捉えている、トップの考え方が表れています。この前の3で表現している「終わったら帰れ」は個人の成長につながるということを言っていますので、「終わったら帰る」ことが企業の成長に直結することになることを明言しているのです。

　この働き方改革のポリシーには、従来の日本型企業によく見られる、とりあえず決められた時間まで会社にいれば義務は果たせる、といった消極的で生産性の低い姿勢はどこにも見られません。また、部下が自分の見える範囲にいなければ不安になるような管理職の姿勢は、会社が求めていないことも言外に言われているように見えます。

プライベートを犠牲にして会社に尽くす「仕事人間」も、ここにはいる場所がないでしょう。

こうしたことを考え合わせると、4つのポリシーの先には、今までにない新しい働き方が見えてきます。働き方を変えること、仕事に対する概念を変えることで企業の成長につなげる。そのために必要となる手法が、在宅勤務やモバイルワーク、フリーアドレスであったということです。

まず、こうしたポリシーを社員に浸透させ、そのポリシーを実践するために最適な手法がスムーズに推進され、その結果として右ページのグラフにあるような業績の継続的な拡大という具体的な成果へとつながっていったのでしょう。

「オフィスに縛られない働き方」を支援する制度を導入

ここまでですでに、カルビーが実施した取り組みを、在宅勤務やモバイルワークといった言葉だけで紹介してきましたが、ここからは具体的な制度を見ていきましょう。

働き方改革を実現するには、さまざまな制度や環境を整えることが必要ですが、その中でも、「オフィスに縛られない働き方を支援する」という考え方のもとでスタートした３つの制度があります。どれも社員が働きやすく、成長しやすい環境をつくるためのものです。

①フリーアドレス制度

本社を移転する２０１０年以前は、部署ごとの「島」があり、そこに各自の固定席がある典型的なオフィス・レイアウトでした。２００７年から実験的に、一部フリーアドレスも導入しましたが、出社順に好きな席が取れたため、いつも同じ人が同じ席を占めていたり、同じメンバーで固まっていたりするような状態だったそうです。

そこで現在の本社に移転し、完全フリーアドレスを導入する際、「ダーツシステム」という方式を採用しました。ユニークなのは執行役員もフリーアドレスの対象となっており、まさに部門や役職を越えたコミュニケーションがはかれる環境が整えられています。

社員は出社すると、入口に設置された「ダーツシステム」のディスプレイにタッチします。

まず、3つに区切られたエリアを選択します。これはおおよそ部門ごとにエリアが決められており、例えば管理部門はこのエリア、という約束がなされているそうです。

次に席のタイプを選択し、最後に席を利用する時間を指定します。席のタイプはその日の仕事の内容などにより、3つの中から選びます。1人だけで仕事ができる「ソロ席」、まわりとの接触を絶って集中できる「集中席」、4人掛けでコミュニケーションのとりやすい「コミュニケーション席」です。席を利用する時間は1時間から5時間の間と決められています。ここには所要時間を決めないでなんとなく仕事をするのではなく、自らでタイムマネジメントを意識させる効果があります。ちなみに1日オフィスにいるような場合は最長の5時間を超えるので、午後に再度「ダーツシステム」で席を決めるそうです。

最長部が約85メートルもある広いフロアは、床に起伏を持たせたり、通路が直線ではなく曲線を生かしたりしたレイアウトで、人の働く姿が自分の席や通路から見えやすく工夫されていました。会議や打ち合わせスペースも柱だけで壁はなく、オープンで、フロア全体に開放感がありました。そして何より、そこで働くみなさんの表情が明るいことが強く印象に残っています。

②営業部門の直行直帰

現在では営業職のほぼ全員が、この直行直帰というスタイルで働いているようです。「始業時と退社時は、必ず会社の自席で」という従来の常識を取り払って考えれば、自宅と訪問先への移動の間に、会社を挟む必要が無くなり、無駄な時間を排除することができます。そこで生まれた時間で、顧客と接する時間を多く取れますし、1日に訪問できる顧客の数も増える余地が生まれてきます。会社には、必要がある時だけ、それも始業時や終業時といった固定した時間帯ではなく、もっとも効率的なタイミングで社員が独自に決めて立ち寄ることができます。これも一つ前のフリーアドレスのところで触れた、社員が自らでタイムマネジメントを意識させる効果があります。

会社からは社員一人一人にノートパソコンとスマートフォンが支給されています。これらのモバイルツールがあればこそ、こうしたワークスタイルを最大限に活かすことができるのです。

また、フレックスタイム制度も導入しています。コアタイム（10時～15時）を含めば、ライフスタイルに合わせて、出社・退社時刻を設定できます。

ちなみに、本社が東京駅の目の前にあるのは、来客の便もありますが、むしろ社員が外へ出かけていきやすい環境を考えてのことです。社員が積極的に外へ出て行き、お客様などと交流することから、企業活動へのアイデアを生む種になる情報や考え方を得ることができるのです。オフィスの立地の選び方にも、働き方改革のポリシーがしっかりと反映されています。

③在宅勤務（モバイルワーク）制度

カルビーでは2014年に在宅勤務制度が導入されました。その日の業務内容によって在宅勤務を選択すれば、通勤時間の削減になり、育児や介護をしている人は時間の有効活用ができます。家庭の心配事を会社まで持ち込むような場面も極力減らすことができ、仕事に集中できる効果が生まれます。通勤によるストレスが軽減されることも、プラスに働きます。

私が佐賀県庁の事例について講演する際に、ほぼ毎回質問されるのが、「在宅勤務時の出退勤の管理はどうやっているのか」なのですが、カルビーの場合は、仕事を始める際に上司へ報告を入れることと、業務終了後に1日の成果をメールなどで上司に伝えることが義務づけられています。

当初は週2日まで、仕事をする場所は自宅限定、勤務時間も原則8時30分から17時と決められていました。しかし2017年4月からは、日数の上限や自宅限定という条件を撤廃し、週に何日でも、どこにいても勤務ができるようになりました。勤務時間についても、本社オフィス勤務と同様のフレックス制を導入。導入後3年間の実績を検証しながら、在宅勤務と本社オフィス勤務との扱いの差をなくしました。

この制度が適用されるのは正社員とフルタイムの嘱託(しょくたく)社員だけですが、これが本社だけに限らず、支店も工場も同様の制度がしかれているところにカルビーらしさがあります。

「上長の許可があれば」という縛りだけなので、可能であれば、職種や職務環境を問わないことになります。このあたりにも、カルビーの働き方に対するフレキシビリティを感じます。在宅勤務制度は、現状で本社勤務の正社員約275名のうち140名くらいの利用があるそうです。

ある女性執行役員は、普段は大阪の自宅で在宅勤務をし、週に1度くらいの割合で東京本社へ出社するそうです。この方は約4年の育児期間中、上司から毎日16時に退社するように言われ、ライフワークバランスを保ちながら、執行役員の激務もこなしたということです。

ここからはカルビーの方に聞いた話ではなく、私見になりますが、育児離職や介護離職が増えている中、こうした働き方の実例があることに、多くの企業や団体の経営層の方々には目を向けていただきたいと思います。

在宅勤務制度は、社員に対する福利厚生の一環ではなく、「普通の働き方の選択肢の一つ」として捉えることが、成功への第一歩であると考えています。カルビーが、在宅勤務に課していた制限を大胆に撤廃して、本社オフィスでの勤務とほぼ同じ条件にしたことは、まさに「普通の働き方の選択肢の一つ」として在宅勤務を捉えたことにほかなりません。

「普通の働き方の選択肢の一つ」である以上、「在宅勤務制度を始めたので、利用者の目標を何人、若しくは延べ何日にする」というスタンスはあまり健全とは言えません。社員それぞれの事情や都合に合わせて「まったく利用しない人もいるかもしれないが、それがあると非常に助かる人もいる」という姿勢が重要です。つまり、「必要ならば在宅勤務を遠慮なく利用してください」というものであり、「ケアをすべき家族がいない」、「会社の方が仕事をしやすい」といった方は、在宅勤務を選択する必要はなく、オフィスで働けばよく、そこには個々の社員の意思が尊重されるべきなのです。

人事の透明化を実現した、新しい評価制度

カルビーは新体制の下、人事制度も改革しています。

その基本にあるのは「約束と結果責任（C＆A）」、つまり成果主義です。企業は、社員が働いた時間ではなく、社員が達成した結果に対して報奨を払うことになります。

社員は年度初めに「私は1年間でこれを達成します」という契約を上司と結びます。極論すればその後は何をしようと自由で、いかに成果を出すかのみ問われます。評価

も上司の評価ではなく、目標の達成率が社内の基準に従って、公平に数字でツール上にはじき出され、賞与の額はこの成績で決まります。

ただし、上長は全ての部下の業績に責任を負うので、部下が目標を達成するための助言や支援、チーム全体の目標達成のための行動をとります。部下それぞれの能力を伸ばし、チームで成果を挙げるための環境を作ることに努力するのです。

さらに特筆すべきことに、カルビーには、資格・等級制度や管理職による人事考課はありません。昇格制度も存在せず、上司が欲しい部下を指名することで、社員の職位が決まります。つまり、社長が執行役員を、執行役員が本部長を、という具合に、直属の部下をトップから順番に指名して新年度の組織を作っていくのです。

これに加えて「チャレンジ制度」と呼ばれる制度があります。課長や部長になりたい人が手を挙げる「役職チャレンジ」。職種を変えたい人の「仕事チャレンジ」。新卒入社から2〜4年経過した社員が、ほかの部署を希望できる「新卒チャレンジ」があるのです。

こうして見てくると、職位の決定プロセスが誰の目にも明らかとなり、「人事の透明化」がすっかり定着しているのがわかります。このような人事制度があれば、働く時間ではなく成績で評価されるという前述の働き方改革のポリシーを心底理解し、大いに「やる気」をくすぐられるでしょう。

人事部の中村さんが言っていた「ダイバーシティを推進する意味でも、2010年に約6％だった女性管理職の割合を、2020年には30％超えにするのがトップの目標（2017年4月の実績は24・3％）」という数字も、こうした人事制度であれば、達成可能なものと思えてきます。

この説明を受けながら、「これは私がマイクロソフトに在籍していた時の人事評価制度や管理職の役割とほぼ同じだなぁ」と感じていました。マイクロソフト在籍当時の私は、「個々の職員が持てる能力を100％発揮し、チームとして確実に目標を達成していく人事評価制度と強い組織風土」に驚くとともに、「優秀な人材がどんどん集まり、そんな人材が持てる力をフルに発揮し、部下も上長もどんどん成長する。それが仕組みとしてある。こんな強力な企業に、日本の会社では束になって掛かっても全く太刀打ちできない」と強く感じていました。

そんな中、いよいよ日本の会社、それもわずか8年前までは同族経営だった会社が、ここまでの人事制度と組織風土を作り出しており、結果として急激な業績拡大が現実のものとなっていることに驚きました。カルビーのような会社が日本に増えていけば、閉塞感に満ちた社会もだんだんと明るくなっていくのではないかとおおいに期待させます。

社員が理解するまでトップが説明する姿勢が、改革&躍進の原動力

ここまで、カルビーが新体制の下、着々と成し遂げてきた制度改革を紹介してきました。企業が新しい働き方を始めるときは、少なからず抵抗や障壁が生じるものです。ところがカルビーにおいては、じつにスムーズに、短期間のうちに制度改革が進んでいきました。これには何か理由があるのでしょうか。中村さんにそんな疑問をぶつけると、納得の答えが返ってきました。

「なぜ成功したのか、という質問はよく受けます。さまざまな理由があると思いますが、一番大きいのはトップと社員の間に、考え方の隔たりがないことだと思います。

わが社では、〝こういうことをするために、こういう制度や環境が必要なんだ〟と、トップが社員に対して繰り返し説明する姿がよく見られます。さらに、マスメディア

に対しても同じ話をすると、やがてその話がメディアを通して、社員の耳に入ってくる。そのうちに制度の意味合いや、その先にある目的がみんなに理解され、浸透していくのです。

いきなり制度だけを押し付ければ反発も強いでしょうが、何度も説明を受けて納得できれば、むしろ推進する機運が高まっていきます。この繰り返しでさまざまな改革をしてきたので、目立った抵抗や障壁は少なかったように思います」

近年、注目されているダイバーシティも、カルビーでは2010年からダイバーシティ委員会を設置して本格始動しています。これは「ダイバーシティと社会貢献は、企業成長のエンジン」という持論をもつ、松本会長の発案によるもの。このときも、ダイバーシティという当時は耳慣れない言葉を、会長みずから社員に何度も、事あるごとに説明したそうです。

このように、トップは社員が腑に落ちるまで説きつくす。そして社員はトップの考えを理解、納得したうえで、行動にうつす。1年間で自分が何をどうするかを、具体的に会社と約束する。そして社員が約束通りの成果を出せば、会社はそれに報酬を与える。約束通りの成果を出すためならば、必要に応じて在宅での勤務も直行直帰も全く問題なし。これがカルビー流の働き方であり、企業風土といえそうです。こうしたカルチャーが生まれたからこそ、大きな変革も「しなやかに」進めていけるのでしょう。

私がテレワーク導入の現場で感じる「制度やシステムを導入しただけでは成功しない」、「制度やシステムに加えて、組織風土の醸成が最重要」という認識は、このカルビーの例が証明してくれているように思います。

テレワークの先行事例・成功事例 その3

セールスフォース・ドットコム

「地元の人たちと、地域社会の未来をつくる」。地方のサテライトオフィス成功の裏には、ビジネスと社会貢献の融合があった

南紀白浜空港から車で10分。静かな入り江を見下ろす絶好のロケーションに「白浜町ITビジネスオフィス」があります。ここにサテライトオフィスを設ける米国系のIT企業、セールスフォース・ドッコムが、短期間で東京のオフィスよりも高い生産性を上げています。全国から年間200件以上の視察が訪れ、成功のヒントを探ろうとしています。

今回の取材を通じて、「地方の恵まれた環境で仕事をすれば生産性が上がる」といった単純な図式が成功を招いただけではなく、「地域の未来にまで関わっていこうとする」独自の企業風土やカルチャーが大きく関わっていることがわかりました。

Company Data

株式会社
セールスフォース・ドットコム

世界でNo. 1のCRMをクラウドサービスで提供する米系グローバル企業
日本本社：東京都千代田区
（米国：サンフランシスコ）

株式会社セールスフォース・ドットコム
セールスディベロップメント　シニアマネージャー
吉野 隆生さん

白浜町役場・総務課
坂本和大さん

左から、坂本和大さん、吉野隆生さん

年間200件もの視察が訪れる、サテライトオフィスの成功体験

四国の深い山の中にある徳島県神山町に都会の企業が続々とサテライトオフィスを設置したことから、地方創生の有効な手段として「ふるさとテレワーク」に注目する地方が増えています。情報通信技術（ICT）を活用して、企業が都会から地方へ事業所の機能の一部を移し、地方の側はその受け入れのためにオフィス環境を整えるという試みです。2章で紹介したように、2015年より、総務省が地域実証事業を実施し、そのモデル地域のひとつとして採択され、既に具体的な成果を挙げているのが和歌山県白浜町の「白浜町ITビジネスオフィス」です。

ここでの成功事例を学びに、視察がひっきりなしに訪れます。首都圏のIT企業、地方自治体の企業誘致担当者、政治家に大学研究グループなど、その数はなんと年間200件。そのお目当ては、企業の顧客管理システムをクラウドサービスとして提供する米系企業、セールスフォース・ドットコムです。

セールスフォース・ドットコムが、この地にサテライトオフィスを展開したのは2015年10月。当初は現・白浜オフィスのシニアマネージャーである吉野さんが、奥さん、お子さんの家族3人で横浜から移住しました。現在は吉野さんを含め、3名が白浜町に移住して常駐しています。

白浜オフィスのキャパシティは11名なので、移住した3名以外のメンバー（社員）は8名います。この8名の枠に、希望者が自主的に手を挙げ、1人あたり3ヶ月程度滞在した後、東京のオフィスへ戻るというローテーションが組まれています。メンバーは会社が借り上げている、隣町の田辺市のマンションに居住します。車でオフィスまで20分くらいなので、東京に比べて通勤のストレスはかなり小さくなります。

住居となるマンション内は、メンバー同士が隣室にならないよう、プライバシーにも配慮しているそうですが、実際は休日やプライベートでも、メンバーが一緒に行動することが多いとのこと。自室で飲み会をやったり、休日にみんなでドライブに行ったりなど、まるで合宿のような雰囲気で暮らしているそうです。

白浜オフィスへ来るのは、内勤営業部門の社員のみ。この部署は若い人が多いので、20代半ばのメンバーが多く、男女比は6対4くらいとか。家族を連れて白浜でテレワーク勤務を体験したケースもあるとのことです。

白浜にサテライトオフィスを開設

セールスフォース・ドットコムは、もともとクラウドをベースにしたサービスを提供している企業なので、リモート拠点をつくることにも抵抗はなかったようです。テレワークは既に社員に浸透しており、サテライトオフィスの設置についても、東京でやっている仕事を「場所を変えてやるだけ」という感覚で導入しやすい土壌がありました。

吉野さんが言うには「わが社でテレワーク事業が立ち上がったタイミングは、ふるさとテレワークの募集より前のこと。いずれ何らかの形でテレワークを導入していたと思われますが、総務省のふるさとテレワーク事業に参加したことが、短期間でテレワークをスタートできた要因でもある」とのこと。

さらに吉野さんは「同じタイミングで実証事業が始まったので、一緒に採択されたさまざまな企業と意見交換ができたのがよかった」と言います。私も佐賀県鳥栖市でこの実証事業の採択を受けていましたので、ロケーションも自治体の考え方も違う案件同士で、多様性のあるネットワークができて、情報交換ができました。

「白浜町ＩＴビジネスオフィス」は、もともとはある生命会社の保養所としてバブル期に建設された場所です。２００４年に和歌山県と白浜町が保養所を整備し、白浜町が買い取り、ＩＴビジネスオフィスとしてスタートさせました。当初は2社が利用していましたが、早々に撤退してしまい、６年くらいは利用されない空きビルでした。そこで和歌山県と白浜町が、２年程前から積極的にテレワークを使った企業誘致に力を入れ始め、今では10社が入り満室となっています。

地方サテライト　日常の風景

このオフィスのよさを、吉野さんは「白浜という町のもつリゾート感が、若いメンバーがリフレッシュしてポジティブに働くために重要」と、メンタルヘルスに好影響を与える地理的なメリットを強調します。

セールスフォース・ドットコムの白浜オフィスの中を紹介しましょう。

会議室は、情報が集まってくるというイメージから「ハーバー・ルーム」と呼ばれています。このオフィスを訪れた人には、必ず記名をしてもらうことになっており、来客者の名前が壁に貼ってあります。私たちが訪問した時には、500～600名ほどありました。

この会議室では、東京と同じテレビ会議システムが入っているので、東京でやっていたものと100％同じ会議ができるようになっています。こうしたシステムのおかげで、離れていても距離感がない、と言います。こうした情報システムを利用すれば、場所は変われど、東京でやっていた仕事をこれまでと同じようにできるそうです。

メインの業務エリアは、海の見えるロケーションなので「ビーチ」と呼ばれています。海側の壁一面が窓になっており、変化に富んだ入り江とその先の太平洋が視界いっぱいに広がっています。デスクやイスはキャスター付きなので、いつでもすぐに動かしてレイアウトの変更が簡単にできてしまいます。

毎月新しいメンバーが東京から来るので、月の初めには机の配置をみんなで考え、新しい人の近くにはオフィスに慣れた人を配置。うまくフォローできる配慮もするとか。東京では同じ会社にいてもあまり話をする機会がなかった人とも、白浜町では親しく話すようになることも多々あるそうです。こうしたことも、地方のサテライトオフィスならではの社員交流になっているようです。

セールスフォース・ドットコムの業務体系における白浜オフィス

前述したように、白浜オフィスで勤務するのは、東京のオフィスにある内勤営業部門です。

内勤営業の業務は、商談の初期段階での案件発掘が中心で、顧客を訪問する外勤営業に引き継ぐ前段階での提案活動を行います。具体的には、新規の問い合わせや、イベント来場者への提案などから、顧客の経営課題を理解して、ソリューションを描いたうえで外勤営業が訪問する合意を顧客から得るところまでが業務の範囲です。

こうした業務内容であれば、東京でも白浜でも在宅でも可能です。これが、内勤営業部門が白浜に移った理由のひとつでもあるようです。

この部門では、中途採用で入った社員が2年ほどの内勤営業を経て、外勤営業へキャリアアップしていきます。そのうちの約3ヶ月間を白浜で過ごすわけです。

東京に比べ、案件発掘数が20%も高い

内勤営業部門は、東京のオフィスと白浜オフィスでは、同じ内容の仕事をしています。前述のとおり、東京で働いた人を順次、白浜に送り込み、3ヶ月したらまた東京に戻るため、メンバーもオーバーラップしています。したがって2つのオフィスの「1人当たりの新規案件発掘数」を比較すれば、単純にその生産性を比較することができます。東京オフィスと白浜オフィスの平均値を比較すると、白浜オフィスの方が、1人当たりの新規案件発掘数が20%高くなったそうです。

吉野さんにとってもこれは想定以上だった、とのこと。当初は会社のメリットとして、生産性は東京と同じくらいでも、その分、社員の満足度や働きやすさが増せばいい、と考えていたようです。それがいい意味で裏切られ、業績に直結する生産性の向

上という成果も得たわけです。

メンバーのリモート管理も問題はない

白浜オフィスで勤務している内勤営業担当の社員の上司は、マネージャーの吉野（内勤営業担当）さんですが、吉野さんには、東京など白浜オフィス以外で勤務している部下もいます。そうした部下については、吉野さんは白浜からマネジメントしています。

「離れた場所でマネジメントができるのか？」という問題は、テレワークの導入を検討する企業が、必ずといっていいほど口にします。講演の際の私への質問でもとても多いものです。

この不安に対して、吉野さんは「離れた場所で部下を管理する問題は、いかに自分たちの仕事をシステムも含めて可視化しておくか、ということが重要。（部下の側も）自分の成果をどのように見せるか、アウトプットを常に意識することが大切になる」と言っていました。

これは常に上司と部下の間で、仕事の状況を共有することを意識しているということです。

従来型の日本の企業のマネジメントは、「部下が目の前にいないと管理できない、評価できない」という考え方が支配的でした。部下の姿が見えていれば、仕事がどの程度進捗しているのかまで、常に共有していなくても「ちゃんと仕事している」と安心して、管理したつもりになっているのではないでしょうか。

カルビーの事例でも、強調しましたが、部下の働いた時間を評価するのではなく、どれだけの成果を挙げたかで評価する感覚が無ければ、在宅勤務やサテライトオフィス勤務はうまくは機能しません。働き方改革を根付かせて、企業の求める成果につなげるには、管理職のマネジメントの考え方を、働く時間の管理から、仕事の成果のマネジメントへと進化させねばなりません。

働き方改革を企業の業績にまでつなげるためには、管理職の役割の見直しや、社員の評価の見直しが必要になります。ここまでに、私の経験から述べたマイクロソフトの事例、取材を通して改めて認識できたカルビーとセールスフォース・ドットコムの事例、どれを取ってみても、管理職の役割と社員の評価という2つの変革が、従来型の日本の企業に求められるものになっていくでしょう。

仕事と生活の「いいサイクル」が生まれる

シニアマネージャーの吉野さんは、白浜へ移住してから家族との時間がかなり増えたと言います。移住前は横浜から東京まで、2時間程度かけて通勤していましたが、現在は車で10分ほど。通勤のストレスはかなり軽減されています。平日の夜に家族3人で食事をする回数が増えたとも。また、週末は家族で釣りに行ったり、キャンプに行ったり、地方ならではの暮らしをエンジョイしています。

セールスフォース・ドットコムは、東京のオフィスでもワークライフバランスを意識した、働きやすい環境が整っているそうですが、白浜オフィスではそれが「さらによくなる」と経験者が口を揃えて言うそうです。

こうした生活によって心身ともにリラックスでき、仕事への活力につながります。精神的にも体力的にも安定して、いいサイクルに入っていけます。これは地方のサテライトオフィス勤務の大きなメリットのひとつです。

残業が少ないのも、東京での働き方との違いです。東京では夜型人間だった人も、白浜に来ると朝方勤務に変わっていくそうです。早い人は定時の2時間前、7時頃出勤することも。地方の恵まれた環境の中で暮らすうちに、フレッシュな脳で仕事をするようになっていくようです。

生活習慣、仕事への取り組み方、人への接し方に変化が

前述したように、白浜では長い通勤時間や満員電車によるストレスがありません。その分を仕事の準備、トレーニングなどにあてる人が多いようです。学びの時間を朝に行うメンバーもいて、自発的な朝の勉強会も行われているとか。「東京ではまず考えられない、こうした変化がおもしろい」と吉野さんは言います。

また、東京ではまわりがしっかり仕事をしているので、「自分もちゃんとしないといけない」という意識が強くなりがちで、オフィスで雑談をする雰囲気ではないようです。ところがここでは、メンバー同士がフランクに雑談に興じ、その会話の中から色々なアイデアも生まれるとのこと。オフィスにはいつも音楽が流れ、リラックスし

た雰囲気が漂います。こうしたことも東京のオフィスには見られない点でしょう。

こうした環境から、人間関係も白浜ではさらに濃密になるそうです。仕事の上だけではなく、プライベートでも付き合いが広がり、週末に会社のメンバーと遊びに行ったりすることもあるとか。

吉野さんが言うには「人と人との濃い関係を経験することで、顧客に対しても真剣に向き合えるようになる」そうです。相手のことを親身になって考え、心から顧客の成功に貢献したい、という気持ちになれることで提案も進捗しやすくなるとのことです。

働き方改革に形だけから入ってしまうことで、ただ働く時間を削減しても「労働の質をどう変えるか」が並行して行われなければ、働く時間が減った分、社員が生み出す価値は純粋に減少します。

東京よりも生産性が上がった理由は、社会貢献活動にあった⁉

白浜オフィスでは、東京のオフィスよりも、1人当たりの新規案件発掘数が20％も向上した理由と思われる、地域のサテライトオフィスのメリットを様々紹介してきました。

吉野さんは、その他にも生産性向上につながる重要な要因があったと考えています。それは白浜町での「社会貢献活動」です。

ちなみに白浜オフィスでの勤務は、東京に比べ、通勤時間（往復4時間として）の縮減により、ひと月あたり64時間もの自由な時間を捻出できることがわかりました。1日や2日では、そんな印象を持ちませんが、毎日の蓄積をまとめると、驚くべき数字になります。

この浮いた時間を家族との時間、自分の時間に使えるわけです。

社会貢献活動と生産性のつながりとは?

セールスフォース・ドットコムの創業者である会長兼CEOのマーク・ベニオフは、「世の中を良くすることがビジネスの本質であり、ビジネスへの投資と同じやり方と熱意で社会貢献にも取り組む」として、全世界で社員が社会貢献活動に積極的に参加することを推奨しています。

白浜オフィスでは、海岸の清掃、地域イベントのボランティア、プログラミングを子どもたちに教える出前授業などを行っています。

こうした取り組みは全世界でももちろん東京オフィスでもやっているのですが、白浜町という小さなコミュニティーで行うことで、地元の方とのつながりがさらに深まります。東京では「セールスフォース・ドットコムの人たちが」「おにいさんたちが」と、集団で見られるところを、白浜では「セールスフォース・ドットコムの吉野さんが」と、個人を認識してもらえるきっかけになることは喜びにつながるようです。

吉野さんが分析したところによれば、以下のような流れで、社会貢献活動と仕事の生産性向上が結びつくそうです。

通勤時間の削減で生まれた時間で、地域貢献を行う

↓

コミュニティーの中で認知される

↓

アイデンティティを形成する

←
すべてにおいて当事者意識が芽生えはじめる
←
まわりのことが「他人ごと」から「自分ごと」になる
←
自分ごとになると、色々なことに興味をもちはじめ、「知りたい」「聞く」といった欲求が増してくる
←
内勤営業で重要なヒアリング能力（相手のことを知ること）の向上につながる
←
商談数が増え、生産性が上がる！

この流れにのると、やがて社内での認知度やアイデンティティも上がっていくようです。「会社の中で働くこと＝あくまで仕事（やらされている）」という考え方だった人も、白浜勤務を経験すると、自分がセールスフォース・ドットコムを代表する社員

のひとりであるという自覚をもって顧客と接するようになるわけです。「やらされている」から「自分で仕事をつくっている」という意識に変わることが、良い成果につながっています。

吉野さんは、「社会貢献活動が、このような流れで社員の意識を変えて業務の生産性につながるとは想定していなかった」と言います。一人ひとりの社員が世の中を良くしていくという認識が、社会貢献活動でも顧客のビジネスを支援する活動でも、白浜で活動をしてみて一本につながったようです。

そして、自分たちが働く意義とは、「ビジネスと社会貢献を融合して、地域の人々と一緒に地域社会の未来を作っていく」ことにある、と気づかされたそうです。ただ地方の恵まれた環境で仕事をするだけではなく、こうしたところにまで踏み込んでいけるのは、企業の風土やカルチャーが大きいと思います。セールスフォース・ドットコムの場合は、社会貢献カルチャーが、白浜での成功を増幅したといえそうです。

吉野さんは「白浜町でもできる仕事では意味がない。白浜町だからできた仕事にしたことが成功の理由」と言います。その地域の課題、状況を踏まえた社会貢献活動が功を奏したのでしょう。

地元の子どもたちにプログラミング教育をしたら大反響

社会貢献活動の中でも、とくに好評なのが白浜の子どもたちへのプログラミング教育だそうです。

具体的には「HOUR OF CODE」という無料の教材を使い、白浜町役場のサポートを得ながら、町のイベント会場や、公民館での単発イベントを行いました。その反響が非常に大きく、親たちからも継続的にやってくれという反応があったそうです。

いまや、小学校の技術の授業などで、出張講義を行うまでになりました。さらに、この活動を広げるため、白浜町の教員たちを集めて体験してもらい、学校の教員から生徒にこれを教えてもらうようにする「coach's coach（コーチズ コーチ）」も行っています。

こうした活動が県に認められ、和歌山県をあげてやっていく体制が整いつつあります。県の南部は吉野さんたちセールスフォース・ドットコムの白浜オフィスの社員が実施し、県の北部は既存の地元ＩＴ企業などが同様の取り組みを行うようです。

やがては和歌山県といえば「ＩＴ人材の豊富な県」といわれるところまでやりましょう、という機運が盛りあがっているそうです。

地域外からきた企業が、その得意分野を活かして新たな息吹を吹き込むことに、大きな意義があると私は思います。地方のサテライトオフィス勤務やテレワーク勤務が、社会にも波及効果を与えることがわかる好事例だと思います。

街の受け入れ態勢も成功の大きな要因

ここ白浜での成功は、企業側の努力が大きいことは言うまでもありません。しかし、それをフォローする地元、地方自治体の推進力も決して小さくはありません。

２０１３年から「白浜町ＩＴビジネスオフィス」の担当として、企業誘致などを行ってきた白浜町役場の坂本さんは、「当時、２つの会社が撤退して、ＩＴビジネスオフィスは空きビルでした。そこへ世界的な企業であるセールスフォース・ドットコムさんが名のりをあげてくれたので、上司から必ず来てもらうよう至上命令が下りました」と当時のことを語ってくれました。白浜はいくつかあった候補地のひとつだったそうですが、坂本さんは奇をてらわず、町の案内をしたり、町の良さをアピールしたりしたそうです。

このとき坂本さんは、以前と同じ轍を踏まないようにしたといいます。それは2つの会社が撤退した最大の理由として、企業を誘致して終わりだったことです。つまり継続させる（する）努力をしなかったため、企業にとって白浜が、ただの仕事場や生活の場でしかなかったことです。

その反省を活かし、坂本さんは企業の定着のための支援をきめ細かく行うようにしました。移住者が地元との接点をつくれるようにして、白浜を好きになってもらうように努力したと言います。マリンスポーツや釣りを教えたり、若い人たちの出会いの場を設けたり、仕事を離れた暮らしの面までサポートしています。ビジネスの面でも、通常は商工会議所などを通じて顔合わせをさせるケースが多いのですが、ここでは「坂本さんが直接、ふたりを引き合わせ、フランクに1対1でつないでくれた」と吉野さんが言います。

こうした人と人を「つなぐ」ことを積み重ねた結果、今では10社の企業が白浜に定着しています。坂本さんの音頭取りで「ＩＴビジネスオフィス」に入る10社がプライベートな時間にキャンプに行ったり、飲み会を行ったりすることもあり、みんなが顔見知りの関係にあるそうです。

地元の雇用を創出する

坂本さんは今後、白浜町に進出している、またはこれから進出する企業に、地元の雇用創出（地元採用）を期待しています。現在、約30名が働く「ＩＴビジネスオフィス」には、12名の地元採用者が事務職などで働いています。

地元人材の雇用創出ということでは、じつは過去には成功例もあり、旧ＳＲＩ（現クオリティソフト株式会社）という企業が白浜町内に拠点を構え、約70名の地元雇用を行いました。現在、関連会社も統合して社名をクオリティソフトとしたこの企業は、本社を東京から白浜に移しました。

地元採用は、進出した企業にとっても、今後の課題であると、吉野さんも考えているそうです。セールスフォース・ドットコムもこれまでに募集を出していますが、まだ地元採用には至っていません。ここがうまくいけば、地域と企業の融合がより進み、お互いが貢献し合う、いい関係が築けるでしょう。

意外なのは、ネットワークインフラについては役場が整備したわけではなく、各社がそれぞれ自前で行っていることです。しかも、ビジネスのラインが通っていない場所なので、一般家庭のラインを数回線使用している状況です。

地方へ行くと「インフラさえ整備すれば企業誘致は成功する」と信じ込んで、まずインフラの整備に手を出してしまう例をよく目にします。しかし、この例でわかるように、整備されたインフラがあるに越したことはないのですが、インフラよりも、「企業がサテライトオフィスを設けて、社員を送り込みたい」と思わせるような魅力を数多く準備する必要があります。インフラの整備は、そのうちの一つの要素にすぎません。また、白浜町の坂本さんの取り組みにもあるように、誘致後のアフターケア、フォローが大事なのです。

4章

「地方」「企業」「働き手」すべてにメリットをもたらすテレワークの可能性

テレワークによる「地方」の課題解決の可能性

労働人口減少で働き方を変えざるを得なくなる

この章では、個々の「働き手」を取り巻く環境を「地方」と「企業」が意識して、「オフィス」中心から「働き手」中心に考え方を変えることを提言します。

また、新しい技術を効果的に活用しながら、働き方改革に着手することで、本書のテーマである「地方」、「企業」、「働き手」の課題解決の糸口にしていく方法を検討していきます。

1章では、「地方が抱える課題・将来への不安」として、以下のことを挙げました。いずれも現在すでに大きな課題として顕在化しており、大多数の地方でその改善の糸口が見いだせない状況にあります。

① 少子高齢化による労働力不足
② 少子高齢化による高齢者を支える人手の需要増
③ 雇用機会の減少
④ ①〜③の課題による経済の減退、縮小
⑤ ①〜③の課題による将来への不安増大
⑥ ①〜③の課題による若者の都会への流出

少子高齢化による労働力不足（労働人口減少）は、地方に限ったことではなく、国全体が抱える大きな問題です。労働力となる若い人の数は年々減少していくのに対し、高齢者の数は逆に増加します。

高齢者人口の増加は、病院や介護施設において、介護や看護をする人手がますます必要になることを意味します。病院や介護施設の数が不足することも相まって、これからは家族が自宅で高齢者の介護や看護を行う必要が生じてくるでしょう。今後の現役世代は、仕事もして、自宅で介護や看護も行わなければならなくなります。

雇用する企業側も、月間20日間フルタイムで社員を会社に縛り付けることだけでなく、在宅勤務や自宅に近いサテライトオフィス勤務を認めたり、正社員でも日々の勤務時間を半日にするなど、フレキシブルな働き方を認めないわけにはいかなくなるでしょう。また、働き手もそういう企業を選ぶようになるでしょう。

テレワークによって、新しい雇用が掘り起こされる

労働力不足と叫ばれる反面、「働きたくても働けない」という人たちが相当数いることも事実です。

多くの場合は女性になるのでしょうが、家事を主に担当する人が、働こうとしても勤務時間に制約がある場合があります。そのような場合、必然的に家の近くにあって、勤務時間の短い仕事にしか就けないということになります。家の近くに条件が整った仕事がない場合には、仕事を断念するか、時間をかけて仕事がある場所まで通うしかありません。

また、高齢者や障がい者の方で、混雑する電車で通勤できないことが原因となって、仕事をあきらめている人がいます。さらに、病気などのために、薬や医療機器が近く

にある状況で過ごさねばならないような人も、自宅以外では長時間働けないでしょう。

在宅勤務さえ可能になれば、このような方々に働く道が開けます。

働き手の数がかなり不足することが予想される将来においては、このような家事を中心的に担っている人や、能力と意欲を持ちながら通勤がネックとなって職に就けない方々にも、可能な範囲で仕事をしていただくことも必要になってくるでしょう。

こうしたフレキシブルな働き方こそ、テレワークの最大のメリットの一つです。このような「地域に潜在する働き手」の方々の就労意欲をかなえることで、地域としてはたとえわずかでも労働力を増やしていくことにつながっていきます。

「工場誘致」から「サテライトオフィス誘致」へ考え方の転換を

地方においては、都会と違い、新たな雇用の場を意図的に創っていく必要があります。そこで注目されているのが、従来の工場誘致に代わって、地方にサテライトオフィスを開設し、そこへ都会の企業を誘致する方法です。

一企業の単独の拠点、さまざまな企業が入るシェア・オフィスなど、サテライトオフィスの形態にはさまざまなバリエーションがあります。製造業の工場や倉庫を誘致する場合に比べ、サテライトオフィスの拠点整備は、コストがかなり低く抑えられます。また、人口減少や経済活動の縮小などで空いた建物や、休眠施設などをオフィスとして生まれ変わらせることでも対応ができます。

多くの企業がサテライトオフィスを構えている徳島県神山町は、古民家などを改修してオフィスにしています。3章で紹介した白浜町のセールスフォース・ドットコムのオフィスは、もともとバブル期に建てられた大企業の保養施設を改修したものです。

さらに、サテライトオフィスへの企業誘致が工場誘致と違う点はもうひとつあります。それは、ホワイトカラー、つまり大卒者の雇用が見込めることです。

誘致企業が定着すれば、地元に帰りたくても自分のスキルを活かせる仕事がない、という出身者にUターンしてもらう可能性もおぼろげながら見えてきます。

地方は企業に対して「働き手のワークライフバランス向上」「都会的なストレスからの解放」などを挙げ、サテライトオフィスの地方進出が、人材確保に好影響をもたらす提案をするべきでしょう。

Uターン、Iターンの人口増も見込める

Uターンや I ターンを望んでいる人は今でも相当数いるはずですが、地方にその人の納得のいく仕事がないことが最大のネックになっているのではないでしょうか。

親の世話や介護のために故郷へ戻る必要性のある人は、退職して地元に転職するか、介護することをあきらめるか、都会と地方を往復しながらの二重生活をするか、の3つしか選べないように思います。

どちらもあきらめない3つ目の選択肢は、当事者にとっては、精神的・時間的・体力的・金銭的に大きな負担となります。こうした社員の業務効率は必然的に低くなり、その人数が増えてくれば企業へのインパクトも大きくなってきます。

このような人たちのために、実家のある地方での在宅勤務やサテライトオフィス勤務を企業側が認めれば、働き手は仕事と介護の両立をしやすくなるでしょう。

テレワークの活用で「離職なきUターン」「都会と出身地の二拠点勤務」が可能になれば、働き手のメリットはもちろん、企業側も働き盛りの人材流出を減らすメリットがあります。さらに、地方の側からすれば、新たな雇用の創出とUターンによる人

口流入といったメリットが生まれる可能性があります。

テレワークによる「都会の企業」の課題解決の可能性

企業が「働き方の選択肢」を増やすメリット

1章では、「都会の企業が抱える課題・将来への不安」として、「人」に関わる部分に絞って、以下のことを挙げました。必要な労働力を新しく確保できない、また、定年を待たない退職の急増などで起こる「量」の問題と、社員が様々な環境の要因から心身ともに仕事に専念できない状況となる「質」の問題の両面から検討しました。

①人材の採用難……………………「量」の問題
②介護離職増大の危惧……………「量」の問題
③家族の世話などの負荷増大……「質」の問題
④社員のメンタルヘルスの悪化……「質」「量」の問題
⑤①〜④の課題による生産性・業務効率の低下

1章でも述べましたが、少子高齢化の進展で労働力人口が減っていく中で、いよいよ企業の人材確保の困難さが顕在化されてきました。新卒の採用であれ、中途採用であれ、新たな人材の採用は一筋縄ではいかなくなっています。そんな中、家族の介護のために早期退職する社員が出てくる可能性は年々高まっていくため、企業としては、必要な社員の「量」を確保するという点では、ダブルパンチで状況が悪くなっていきそうです。

「質」の面でも、1章で述べたように、メンタルヘルスの悪化により出社できなくなったり、生産性が以前より低下したりする社員が年々増えてきているという状況があります。退職には至らないまでも、育児や介護のために時間的・精神的・体力的に仕事に専念できない社員も増えていくことが想定され、社員の生産性における「質」を脅かす状況は悪化する可能性の方が高いように思います。

これらの問題は早急に解消できる性質のものではなく、十年単位のスパンで受け入れざるを得ないこととして、対策を講じなければなりません。現在の企業を取り巻く状況では、「退職する社員が出たら、新たに別の社員を採用すればよい」という時代ではなくなっています。企業は今いる社員に対していかに働きやすい環境を提供して、社員の流出を防ぐための対策が必要となってきます。

そのためには、企業側が社員の働き方について考え方を変え、仕事と家庭の両立ができる環境を整える必要があります。テレワークを活用して、企業側が「働き方の選択肢」として在宅勤務やサテライトオフィス勤務を認めることで、社員の側には「仕事か家族か」の悲しき二者択一ではなく、仕事と家族の世話を「両立」できる可能性が出てきます。

在宅勤務、サテライトオフィス勤務という「働き方の選択肢」

「働き方の選択肢」を増やすことで、企業が人材を確保する可能性を述べてきていますが、まずはオフィスに縛られない働き方を自社に導入できないかを考えていただきたいと思います。

具体的には、在宅勤務やサテライトオフィス勤務を自社で行うことを検討することでしょう。テレワークが技術的に、また社会インフラ的に、手の届くところまで来たことで、在宅勤務やサテライトオフィス勤務は遠い未来のことではなく、今すぐ検討できるものになってきています。３章で挙げた３つの事例でそのイメージを抱いていただき、５章の佐賀県庁でのテレワーク導入のプロセスを自社に置き換えながら読んでみてください。

在宅勤務は、文字通り、会社のオフィスに出社するのではなく、自宅でパソコンなどを使って仕事をすることですが、月に一度も会社に出勤しないでずっと毎日、自宅で仕事をするということだけではなく、社員が必要な時に在宅で仕事をすることを選べるという緩やかなものとして制度を整えた方が良いでしょう。

「未就学児童の育児」「高齢者の介護」などと少数の限定された社員のための在宅勤務というよりも、より多くの社員を対象とした「働き方の選択肢」の一つである、とした方が社内への浸透が早くなるということが、私が直接見聞きした経験からも傾向として挙げられます。

サテライトオフィス勤務は、従来のオフィス以外の場所に企業が働き場所を準備して、社員がそこで働くという形態です。例えば、東京の都心にオフィスを構える企業が、山手線の外側の駅近くに、サテライトオフィスを設置すれば、社員はより短い通勤時間で、混雑状況がより激しくなる区間を避けられるというメリットが出てきます。

テレワークがまだ浸透していない現時点では、企業がサテライトオフィスのために、自前で小さいスペースの部屋を借りるということよりも、さまざまな会社の人が、空いているデスクを共同で使う「シェア・オフィス」や「コワーキングスペース」を、利用した時間分だけ従量課金で支払うといったことの方が現実的でしょう。

このような施設が増え、サテライトオフィスでの勤務を認める企業が増えてくれば、社員が朝からギュウギュウ詰めの電車を避けられる可能性も生まれ、自宅からの距離も近くなり、通勤時間も短くなります。時間の余裕ができるので、ワークライフバランスの向上に寄与します。

企業にとっても、働き手のストレスが減り、業務の生産性や効率も良くなることが期待でき、社員のメンタルヘルス悪化への対応策となる可能性も出てきます。

在宅勤務、サテライトオフィスに関しては、首都圏ではなく地方でも、また企業ではなく自治体でも効果が出ている事例として、佐賀県庁での例を3章と5章で紹介しています。

故郷でも働けるという「働き方の選択肢」

日本の人口のボリュームゾーンに当たる団塊の世代とその前後の年代の方が、後期高齢者になる時代がもう、すぐそこまで来ています。

その子供たちは、すでに核家族化した中での子どもとして生まれ育っている世代のため、きょうだいは多くありません。まさしく私も、そこに該当する世代なのですが、両親を実家に残して東京で生活の基盤を築いています。そう遠くない将来に親の世話をしなければならない状況が生まれてきます。

親の世話というだけではなく、故郷に帰らねばならない事情が生まれてきやすい世代でもありますし、純粋に「そろそろ故郷に帰って暮らしたい」という強い思いを抱く方々もいることでしょう。そのような時に問題になるのが、故郷にもどってどんな仕事に就くのか？　ということでしょう。

ここでも「今の仕事を取るのか、仕事をやめて故郷へ帰ることを取るのか」の二者択一しかないのが現状でしょう。ただし、企業側もいきなり故郷での在宅勤務を認めることはハードルが高いでしょうから、まずは都会のオフィスに通勤している社員の在宅勤務やサテライトオフィス勤務を導入して、企業側も社員側も慣れてきたら、故郷での在宅勤務を導入してみてはいかがでしょうか。

故郷での在宅勤務を認めた場合にも、東京と故郷での勤務を月で半分ずつにするようなことから始めるのが現実的でしょう。現時点では、地方の実家でのテレワーク活用は珍しいことに思えるかもしれませんが、在宅勤務が普通になれば、違和感はなくなると思います。

地方でのサテライトオフィスの開設

３章で紹介した、セールスフォース・ドットコムの和歌山県白浜町の例がこれに当たります。ストレスの多い都会を離れ、地方の恵まれた自然や生活環境の下で働けば、時間的にも精神的にも余裕が生まれ、体調もよくなり、モチベーションアップや生産性向上などにつながります。首都圏のオフィスで働く社員を移動させるだけでなく、地元の人を採用することで、新たな人材の確保への期待ももてます。

前述のように、企業がサテライトオフィスを開設して地方に出てくることは、地方にとっても、企業にとっても大きなメリットがあります。今後、サテライトオフィスを地方自治体が用意して、企業を好条件で誘致する動きも活発化すると思われます。

「仕事か家族か」の二者択一から、「両立」を可能にできる企業に人材が集まる

新規の採用の対象となる若い世代は、ワークライフバランスに思いのほか重きを置きます。今後はテレワークを積極的に導入し、場所と時間に縛られない働き方を推進している会社の人気が高まってくると予想されます。

事実、私が取材をしたカルビー（P92参照）では、フリーアドレスやテレワークの導入がメディアで取り上げられてから、新卒の応募状況がかなり好転してきたとのことです。

また、サテライトオフィス勤務や在宅勤務制度が確立している企業ならば、介護や育児において「二者択一」の選択肢しかない会社から、フレキシブルで働きやすい労働環境を働き手に提供している企業に転職するという可能性も出てくるでしょう。

従業員を大切にすることで、企業と働き手の信頼関係が構築され、企業イメージ、ブランド力が向上します。そうなればおのずと優秀な人材が集まるようになるでしょう。働き手を大事にする企業として「入る人」が増え、「出ていく人」は減ることになり、人材確保の面でも有効な手段のひとつになり得るかもしれません。

鉄道会社、地方自治体、地域の産業など、さまざまな企業にチャンスがある

鉄道会社は、沿線の不動産を多く所有しています。今までは沿線に住宅街や商業施設、娯楽施設などを整備して、地域の魅力を上げてきました。しかし、これから働き方が変われば、サテライトオフィス事業のような新たな展開も必要となってくるかもしれません。

すでに東急電鉄では、会員制のサテライトシェアオフィス事業「NewWork（ニューワーク）」を展開しています。快適で落ち着いたフリーアドレス型のデスク席やブース、会議室、複合機などを備えたオフィス空間を、横浜、自由が丘、吉祥寺、渋谷

のほか、田園都市線沿線のたまプラーザ、二子玉川などに直営店として開設しています。

また、直営店だけでなく、カラオケボックスやホテルなどとも提携し、提携店は首都圏をはじめ、北海道、中部、近畿、九州などに全国展開し、２０１７年度中には全国で１００店舗を目標にしています。

このような事業展開は、鉄道会社やホテル、カラオケボックスなどの業態に増えていくかもしれません。これからますます社会問題化して行く空き家の用途としても可能性が出てくるでしょうし、地方においては、シャッター街と化した中心市街地に設置することで町の賑わいにつながる可能性もあります。

テレワークによる「働き手」の課題解決の可能性

「仕事」も「生活」も諦めない働き方ができる

働き手に対するテレワークの期待される効果としては、まずワークライフバランスの向上が挙げられます。ワークライフバランスは「仕事と生活の調和」と訳されています。どちらかに偏ることなく、仕事も生活も充実感をもって暮らす姿をいいます。ストレスの軽減によるメンタルヘルスの向上や、自由な時間が増えるなど、テレワークによるメリットが、そのままワークライフバランスの向上につながるケースがあります。

また、業務に集中できる環境がつくりやすく、時間の使い方や自己管理力も次第に磨かれていくので、こうした点でも生産性や効率はアップすると思われます。厚生労働省が行ったテレワークを実施した従業員へのアンケートでは（P156の図表参照）、テレワークのメリットとして「電話や話し声に邪魔されず、業務に集中できる」

「タイムマネジメントを意識するようになった」といった声が目立ち、「自律・自己管理的な働き方ができるようになった」という答えも回答者の半数近くにのぼります。

働き手が求めるのは柔軟に働ける環境

ここからは働き手の抱える「ストレスによるメンタルヘルスの低下」「ワークライフバランスの低下」「育児や介護による離職」といった課題について、その対策を考えていきます。

いずれも、「都会の企業の課題対策」でも触れていますが、ここでは働き手の視点で再度見直していきます。

テレワークによって在宅勤務や首都圏のサテライトオフィス勤務が可能になれば、都会の働き手は長い通勤時間や通勤ラッシュから解放され、自由に使える時間が増えます。地域のボランティア活動や、健康のためのウォーキングにあてることもできます。保育園への送迎や親の介護の時間にあてるケースも出てくるでしょう。

男性が在宅勤務をすることで、今まで女性の負担となっていた育児や介護、家事を分担することも容易になります。

テレワークの利用で増減した時間について、厚生労働省のアンケートでは（次のページの図表参照）、「家族と共に過ごす時間」「家事の時間」「育児の時間」が顕著に増えていることがわかります。このほか自己啓発や介護にあてる時間も増え、働き手の暮らしの充実が読み取れます。

また、故郷での在宅勤務や、地方のサテライトオフィスでの勤務が実現すれば、通勤、住環境をはじめとする都会的なストレスが減るでしょう。

こうしたことが自分の時間の創造や家庭内コミュニケーションへの回帰といった形で表れ、仕事が中心の生活から、自分の時間や家族とのコミュニケーションを大切にする、ゆとりある暮らしを目指すことも可能になってくるでしょう。

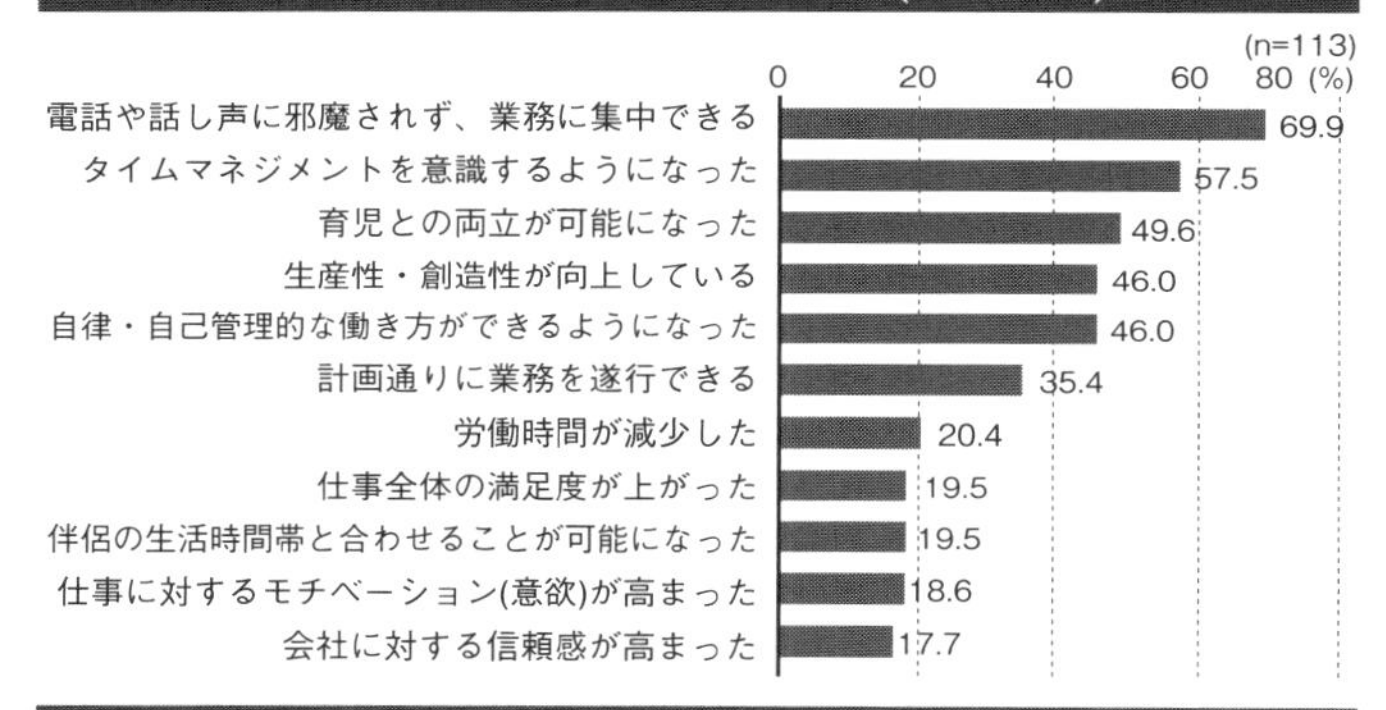

テレワーク利用によって増減した時間

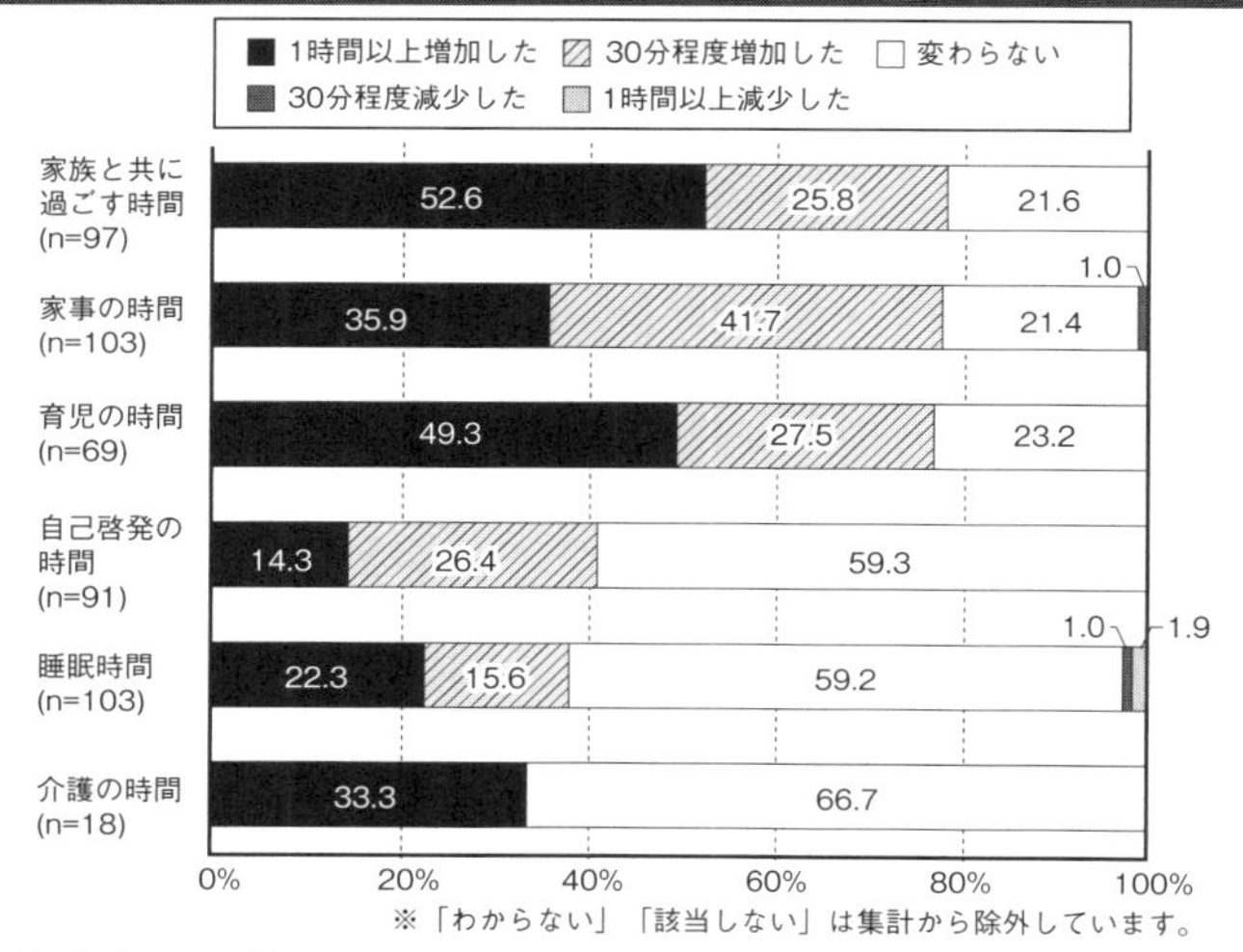

※「わからない」「該当しない」は集計から除外しています。

平成26年度厚生労働省テレワークモデル実証事業「従業員アンケート」

「地方」「企業」「働き手」すべてが豊かになれる社会

ここまで「地方」「企業」「働き手」にわけて、テレワークによる期待できる効果や、抱える課題への対策を紹介しました。三者の課題を解消するには、それなりの時間も必要でしょう。しかし、少しずつでも前進すれば、その先には「地方創生」や「働き方改革」といった、国が掲げるビジョンの実現が見えてくるかもしれません。

地方が活気づく好循環をつくれば、私が1章で挙げた「地方」「企業」「働き手」の三者の困りごとを少しずつ取り除くことができ、やがて「三方良し」の結果も期待できるのではないでしょうか。

第1章のＰ19に示した「地域社会が陥る負の連鎖」の図に対して、この章で述べてきたテレワークを活用した働き方改革を一つずつ実践することで生まれてくる好循環をＰ１５９の「テレワーク導入による好循環のイメージ」で図にしました。

この図では、「地方」「企業」「働き手」のそれぞれで生まれる効果を挙げましたが、1章での地域社会の負の連鎖と同様に、生まれた効果が原因となって、更に新たな効果を生み、その効果がまた原因となって新たな効果を生むという循環が生まれています。

この循環の図の中で、「地方」「企業」「働き手」はそれぞれブロックを形成していますが、因果関係の流れの中で、「企業」のブロックが「地方」「働き手」のブロックよりも上に位置しており、まず企業がこの流れの先鞭をつけなければならないことが分かります。

特に注目していただきたい点は、第1章のP19の図が完全なループになっていたのに、対して、こちらのテレワーク導入に寄る好循環は完全なループにはなっていません。一番上に位置する「場所と時間に縛られない働き方の進展」は、この図の中のどの項目からも矢印が向かってきていません。これは、「企業」が意図的に「場所と時間に縛られない働き方」を始めなければ、この好循環は始まらないということです。「企業」のブロックの中だけ見てみると、3章で紹介した、「場所と時間に縛られない働き方」を始めたカルビーやセールスフォース・ドットコムで実現された事項・効果が並んでいます。このような「場所と時間に縛られない働き方」を導入する会社の数が増えてくることで、企業とその企業の働き手から、社会全体へと好循環を生んでいくことに期待ができるようになります。

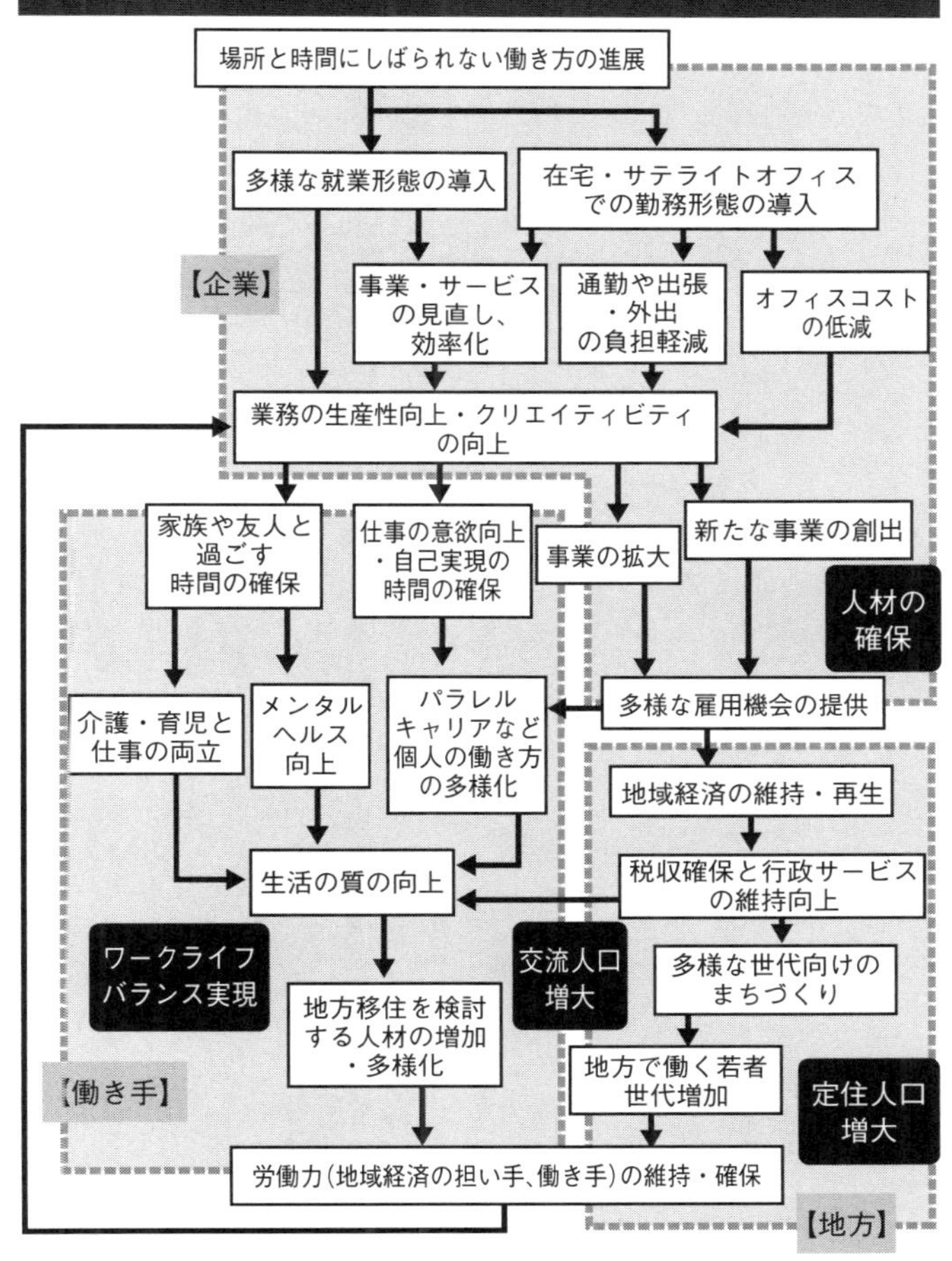
テレワーク導入による好循環のイメージ
場所と時間にしばられない働き方の進展
多様な就業形態の導入
在宅・サテライトオフィスでの勤務形態の導入
【企業】
事業・サービスの見直し、効率化
通勤や出張・外出の負担軽減
オフィスコストの低減
業務の生産性向上・クリエイティビティの向上
家族や友人と過ごす時間の確保
仕事の意欲向上・自己実現の時間の確保
事業の拡大
新たな事業の創出
人材の確保
介護・育児と仕事の両立
メンタルヘルス向上
パラレルキャリアなど個人の働き方の多様化
多様な雇用機会の提供
地域経済の維持・再生
生活の質の向上
税収確保と行政サービスの維持向上
ワークライフバランス実現
交流人口増大
多様な世代向けのまちづくり
地方移住を検討する人材の増加・多様化
地方で働く若者世代増加
【働き手】
定住人口増大
労働力(地域経済の担い手、働き手)の維持・確保
【地方】

こうして見てくると、テレワークの可能性の大きさに、魅力を感じた方も少なくないでしょう。しかし、「話としては素晴らしいが、本当にうまくいくのか？」「大いに興味はあるが、いざ、導入するとなると不安が大きい」。そんな疑問や躊躇の声も聞かれそうです。

そこで次の5章では、私が佐賀県庁をはじめ、さまざまな現場で体験したことをベースに、手順や留意点、障壁への対処など、具体的なテレワーク導入と展開の勘所を紹介していきます。

第4章

「地方」「企業」「働き手」すべてにメリットをもたらすテレワークの可能性

INTERVIEW 3

出勤と在宅勤務の間にある「ワーキングスペース」の利用状況

サテライトオフィスのビジネスチャンス

コメンテーター
東京急行電鉄株式会社
経営企画室　企画部イノベーション推進課
サテライトシェアオフィス「NewWork」担当

永塚 慎一氏

この4章でも述べたように、私はつねづね大都会と地方の2つのパターンのサテライトオフィスの有用性を訴えています。自宅から近距離での勤務が可能になれば、出勤のストレスは軽減されます。通勤時間も短縮され、その時間をプライベートに使えます。サテライトオフィスでは、電話の取り次ぎや話しかけられることもないので、オフィスよりも集中して仕事ができ、業務効率も上がります。

このように多くのメリットがあるサテライトオフィスですが、現時点では企業が自前で確保することは現実的ではありません。特に都心の場合、電鉄会社や不動産会社、カラオケチェーンなどに、サテライトオフィスのビジネスチャンスがあると思っています。

2章で紹介したように、いよいよ国もテレワークの導入に本腰を入れてきたまさにこのタイミングで事業化されたのが、東急電鉄の「NewWork（ニューワーク）」というサテライトシェアオフィスです。現在、全国およそ70店舗で展開されている事業が、どのような効果を挙げているのか、非常に興味をそそられました。そこで、このプロジェクトの立ち上げメンバーである、永塚慎一さんにお話を伺いました。

※このインタビューは２０１７年5月に行われました。文章の内容や日付に関しては収録時のまま掲載しています。

急拡大するサテライトオフィス事業

東急電鉄がプロデュースする、完全会員制のサテライトシェアオフィスサービス「NewWork（ニューワーク）」は、２０１６年5月にスタートしました。

当初は渋谷、横浜、自由が丘、吉祥寺の4店舗から始め、その後に二子玉川、たまプラーザが加わり、２０１７年５月の時点では直営店は6店舗が稼働しています。このほか提携店舗として、首都圏ならびに全国のシェアオフィスやカラオケ店、ホテルなどと連携し、50店舗以上を展開しています。

法人限定のこのサービスでは、会員企業の従業員に専用のＩＣカードを配布します。オフィスへの入退室は、すべてこのＩＣカードで行われますので、セキュリティが確保され、しかも入退室履歴を労務管理代わりに活用することも可能です。

店舗はいずれも駅の至近に位置し、専用のICカードがあれば、全国どの店舗でも利用が可能です。また、会議室やテレフォンブースも設置していますので、周囲を気にせずに打ち合わせや電話もできます。

カラオケやビジネスホテルのラウンジもシェアオフィスに活用

比較的空きのある昼間のカラオケ店ではプライバシーが保たれるうえ、飲み物や食事のサービスも提供されています。首都圏の提携店では、営業職の方に好評をいただいているようです。

ホテルのロビーラウンジについては、朝食の会場として使われた後は、空きスペースになっていました。ホテルの立地や環境を考えて、オフィスとして充分機能すると考えて活用しています。

わずか1年で3万ライセンスを発行

おかげさまで、スタートから1年で現在は約50社に登録いただいています。ICカードの発行が約3万ライセンスです。

利用されている職種はさまざまですが、フレキシブルな働き方の先端を行く企業には、ほとんど利用いただいています。

「通勤がつらい」という声から事業が生まれた

もちろん、時代の流れが新たな働き方を求めているのは感じていました。しかし、このプロジェクトに関しては、共同でプランを立ち上げた私と野﨑が日頃感じていたことや、周囲から聞こえてくる声を拾い上げた側面が大きいかもしれません。

それまでも私のまわりでは「通勤がつらい」「満員電車に乗りたくない」という声をよく耳にしていましたし、私自身も1時間30分ほどかけて通勤し、もっと会社が近くにあれば、と思ったことがあります。

また、カフェで仕事をしている人たちをみて、「こうした人たちに静かで仕事に集中できるスペースを提供できたら」と感じたこともありました。

もともと私はオフィスビルの営業をしていましたが、顧客であるＩＴ企業を見ていると、どんどん人が増えるので、オフィスもすぐ手狭になります。すると分室を借りたり、広いオフィスへ引っ越したりします。中には改装や社員食堂を作っても、すぐに引っ越さなければならないケースもありました。そんなとき「オフィスの外で社員が仕事のできるスペースがあれば」と思いました。

そうしたことが積み重なって、サテライトオフィスのプランが頭に浮かんだのです。その思いつきを同僚やお客さんに話すと「これからの時代にピッタリだよ」「いいね、もし決まったらうちの会社も利用するわ」といった言葉が返ってきました。

そうした声に背中を押されて、２０１５年から東急電鉄でスタートした「社内起業育成制度」に、野崎とふたりでチャレンジしたのです。

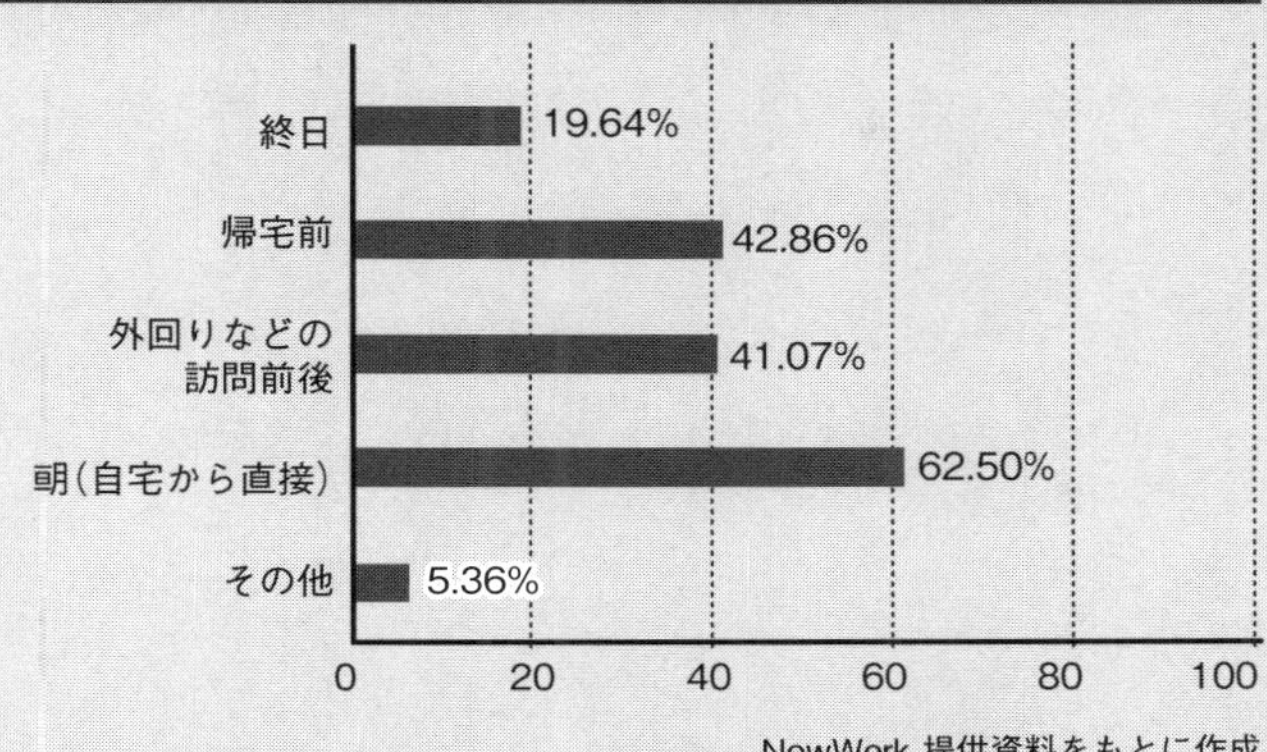

サテライトオフィスの利用方法は多種多様

当社で調査したところでは、1ヶ月あたりで「週に2、3回」利用される方が4割弱と最も多く、その次に多い「週に1回程度」の利用者と合わせると約7割になります。

また、利用するタイミングは上のグラフのように、朝が6割強と最も多く、これは自宅からサテライトオフィスへ直接出勤するケースです。同じように帰宅前の利用が多いのは、早めにオフィスを出て、サテライトオフィスでひと仕事してから帰宅するパターンと思われます。

こうしたニーズは満員電車で通勤するのが嫌な人、または育児中の女性などが多いようです。時差通勤で通勤のストレスが軽減できますし、保育園などへの送迎もしやすくなるのでしょう。

都心の店舗に比べ、横浜、たまプラーザ、船橋など、郊外の店舗ほど女性の利用が多いのは、先ほど述べたような育児中の女性や、出産から復帰後の女性の利用などが考えられます。

また、店舗での滞在時間については、郊外へ行くほど長時間の利用が多く、都心は2~3時間の利用が多いようです。郊外の場合は遠距離通勤の方が、そこで1日仕事をするようなケースもあるからでしょう。海老名などは、そうした傾向が見られるようです。逆に都心では用事と用事の合間など、すき間時間でのタッチダウン的な利用が多いので、短時間の利用となるようです。

サテライトオフィスの利用で、仕事の効率が向上する

利用効果に関しては当社の調査で「業務効率が上がった」という答えが8割もあり

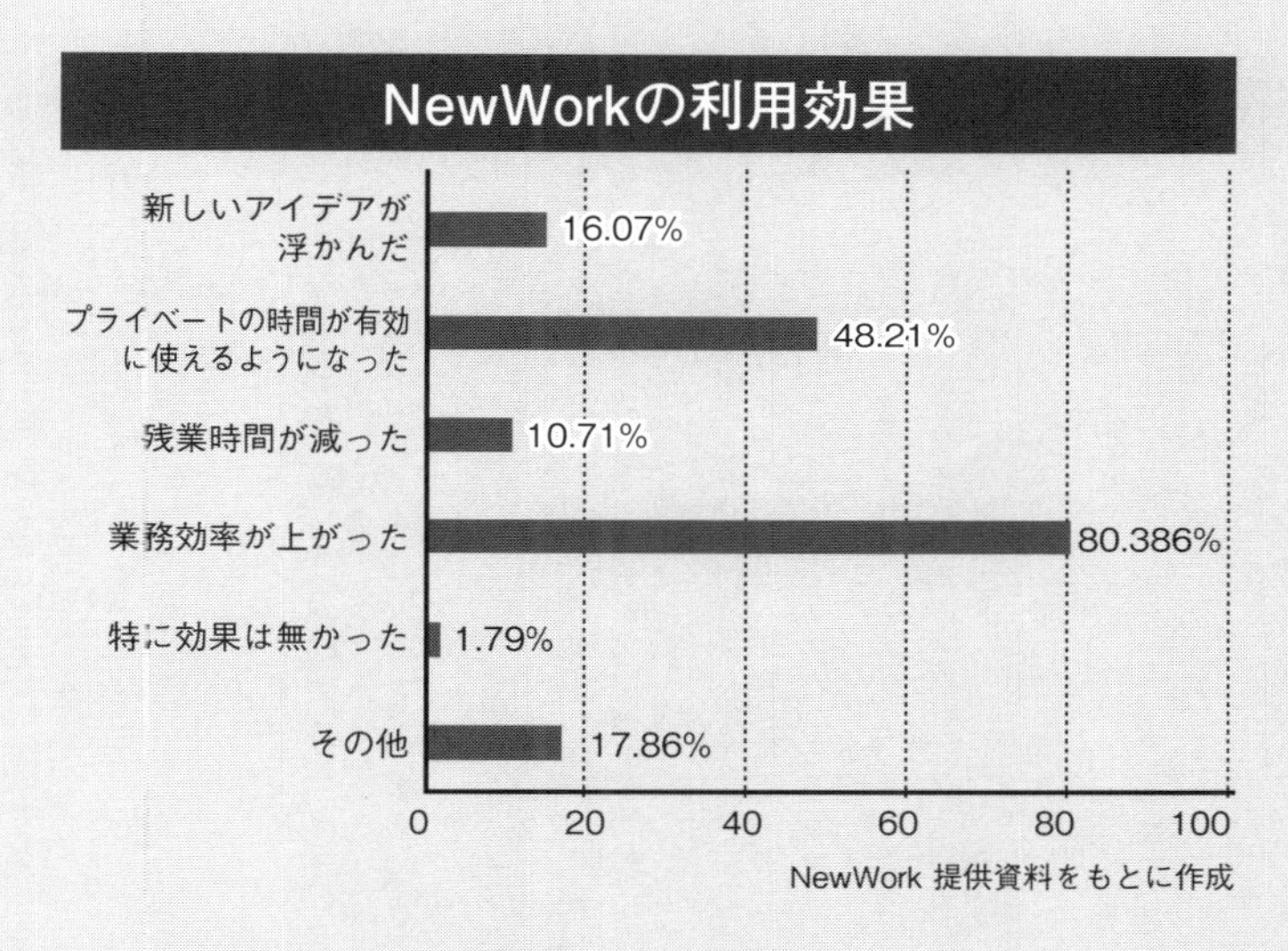

NewWork 提供資料をもとに作成

ました。「プライベートの時間が有効に使えるようになった」という答えも5割弱ありました（上のグラフ参照）。

多くの方から「仕事に集中できる」という声はいただいています。オフィスでは人に話しかけられたり、電話の取次ぎがあるなど、目の前の仕事に没頭できないからでしょう。仕事に集中することで「業務効率が上がる」「生産性が上がる」といった声も聞かれます。

「通勤時間が大幅に減った」「始業時間を早めることができた」という効果もあるようです。通勤時間が短縮されれば、通勤のストレスもそれだけ軽くなると思われます。また、自宅からの距離が近いということは、台風や自然災害でオフィスへ出勤できないような場合にもメリットがあります。

地方でも仕事を続けられる

これは「NewWork」の会員企業のある女性のエピソードです。ご主人の転勤で地方へ行くことになり、会社を辞めるつもりでいました。ところが、全国展開している「NewWork」の提携店を利用すれば、地方でも仕事は続けられると会社側に説得され、結局はそのまま会社に籍を置くことになったそうです。

企業にとっては重要な戦力を失わずにすみますし、働き手も転職するデメリットがなくなり、培ったキャリアがそのまま活かせます。お互いにとって良い結果となりました。

利用者の不安を解消する

おおむね利用された方からは、ある一定の評価はいただいているのですが、初めて利用するまでのハードルが高いことに気づきました。

これは会社の外で働くことに対して、上司の目や周囲の目が気になる、ということです。

やはり上司の目が届くところで部下は仕事をする、という意識が今も残っているようで、私にとっては意外なことでした。ただし、1回来てしまえば、2回目からは楽な気持ちで来られるようです。

ほとんどの企業が、基本となるガイドラインは作成されるようです。例えば利用は月に5回までといった回数制限や、利用日の制限を設ける企業もありました。また、会社の外で働くということは、人事制度にも影響してきます。そのあたりをどう変えていくか、手間どる企業が多いように見受けます。

会社によって利用法がさまざまですので、その会社に合った、最適な使い方を私たちは提案しています。そのために、これは大企業向けですが、無料トライアルを実施することもあります。いきなり契約ではなく、まずはトライアルをして様子を見て、どんな使い方がフィットするかを見ていきます。

みんながもっと楽に働ける方法がある

通勤の混雑ひとつをとっても、都会に人が集中しすぎているように思います。これを郊外や地方へ分散すれば、みんながもっと楽になるでしょう。しかし、やがてはそういう世の中になるような気がします。

都会だけが働く場所ではなくて、郊外や地方、どこにいても仕事のできる環境がスタンダードになるのではないでしょうか。われわれが立ち上げたのは、まさにその受け皿となるワークプレイスです。

できれば早いペースで大量出店をして、直営店も増やしていきたいと考えています。首都圏ではとくに、その傾向を強めていくつもりです。地方は提携店からはじめて、様子を見ながら直営店に切り替えるような手法も考えています。

いずれにせよ、最終的には「日本全国どこででも働けるようにしたい」というのがわれわれの目指すところです。

＊＊＊＊

インタビューを終えて ――サテライトオフィスの需要はますます高まる

3章や5章で紹介したように、佐賀県庁のテレワークを推進する中で、サテライトオフィスがかなり機能するものなのだということは、実感していました。

これから、テレワークによる働き方改革が浸透してくれれば、必ずオフィスの密集する大都市圏にはサテライトオフィスの需要が高まり、サテライトオフィスに供することができる部屋などの経営資源を持つ企業にとっては大きなビジネスチャンスが生まれると見ていました。

そこにいち早く気が付いて、ビジネスとして確立しているのが、この東急電鉄です。

今回お話を伺った永塚さんとは、この取材の際に初めてお会いしました。お話を伺ううちに、「同志に出会えた」という思いが芽生えてきました。こうした民間のサテライトオフィス事業は、働き方改革がどの程度のスピードで社会に浸透していくかという点でキャスティングボートを握る社会インフラになっていくと思います。

5章

テレワーク成功の処方箋

テレワーク導入の第一歩

何のためにテレワークを導入するのか。目的がなければうまくいかない

本書ではここまでテレワークの効果やメリットについて、その先行例や成功例なども示しながら解説してきました。

読者の中には「テレワーク導入を検討してみたい」と思われた方もいるかもしれません。また、興味はあるが「ハードルが高そう」「何から手を付けていいかわからない」といった方もいるでしょう。

私が総務省のテレワークマネージャー制度などで訪問させていただいたり、相談会でお話を伺ったりする企業や自治体の方々が、ほぼこのような状況にあります。

そこで本章では、私が佐賀県庁へのテレワーク導入をどのような手順で、何に気を付けながら進めていったのかを、時系列で紹介していきます。同じ手法がすべての企業や自治体であてはまるわけではありませんが、とくに重要なエッセンスはどの組織

においても共通するものがあると、複数の組織でのテレワーク導入のお手伝いをして感じています。

佐賀県庁では、全職員にテレワークを展開するというたいへん大規模なものになりましたが、3章でも触れたように、私が赴任した時点では、県庁組織でのテレワーク導入など夢物語で、導入の検討すら行うつもりもありませんでした。

検討を始めた2013年当時は、テレワークを導入している民間企業はいくつもありましたが、行政機関ではほぼ前例がなく、まさに手さぐりで、一歩ずつ進めていった経緯があります。この章ではどのような手を打ったのかを、その根拠や背景まで紹介しながら、話をすすめたいと思います。

3章でも紹介したように、もともと佐賀県庁でテレワーク導入の機運が高まったのは、時間をかけて年ごとに、以下のような課題が積み重なってきたからでした。

- 出産、育児世代の職員の業務の継続
- 非常時における業務継続性(BCP)
- 女性職員の活躍推進のための働き方改革

●大量発生する介護世代の職員の業務の継続
●多様な行政ニーズに対応するための業務改善

これらの課題について、テレワークが解決策になると直接的に結びつくものではなかったのですが、テレワークを導入して、職員がその仕組みを利用しやすい環境を整えれば、これらのすべてに対して何らかの好影響を与えることが想定されたので、情報部門と検討に入りました。

それと並行して、人事担当部門が、働き方改革において情報システムで何かできないかという相談を情報部門に寄せていましたので、これらを部門横断で一括して検討する形になるには、それほど時間を要しませんでした。そしていよいよ人事部門、情報部門に業務改革部門と施設・設備を管轄する部門により、緩やかに検討体制を作りました。

これはテレワーク導入に限った話ではないのですが、プロジェクトの成功のためには、最初に「大きな目的」をメンバーの間で明確にしておかなければなりません。その点、このプロジェクトでは、右に挙げた複数の課題の解決のために情報インフラで

テレワーク導入の最初に行うこと

・テレワークを導入する目的の明確化
・テレワークを導入して求める効果のイメージ共有
・推進体制の確立

解決できないか、という大きな目的から検討が始まって、その手法としてテレワークに行きついたので、最初から成功のシナリオに乗っていたかと思います。

ご相談をいただく企業などに伺って気になるのは、「さあ、我が社もテレワークをしよう」と、テレワークの導入それ自体が目的化している場合があることです。ＩＣＴの利活用やテレワークは、あくまでも他の目的の達成のための道具や手段であり、決してその導入自体を目的としてはならないということです。

制度や情報インフラを整備してもテレワークが普及しないことは、３章でも佐賀県の在宅勤務制度の事例で述べたとおりです。「テレワークを導入すれば何でもうまくいく」という幻想を抱く方も少なくないのですが、テレワークと一言でいっても、そこにはさまざまなやり方が存在します。

テレワークの導入を検討する際は、「なぜ、テレワークを導入するのか？」、「テレワークを導入することでどのような効果を目指すのか？」という目的を明確にすることを、まず行ってください。

まずこれらの最初に行うことをしっかりと固めたら、具体的なアクションに入りますが、その際に取り組む内容として、「情報インフラの整備」、「制度の整備」、「組織風土の醸成」の３つの要素を全て揃えていく必要があります。

この後にそれらを具体的に述べていきますが、最初にその考え方を左の表にまとめました。

テレワーク導入の考え方

	導入の視点	取組方向（佐賀県の事例）
情報インフラの整備	• テレワークの形態・運用方法の検討 • 導入機器・ライセンス等の適正規模を設定	• サテライトオフィスを整備する（県内外13ヶ所） • 職員に配布するタブレット端末の台数を設定する（1000台） • 仮想デスクトップのライセンス契約数を設定する（500ライセンス）
制度の整備	• テレワークによる勤務形態を（出張などと同じような）普通の働き方の形態の一つとして位置づけ • 新しい働き方の運用に対する職員の悩み・疑問への対応 • テレワーク利用促進のための手続きの簡略化	• 在宅勤務やサテライトオフィス勤務の実施、および庁外で作業を行うモバイルワーク実施に際してのガイドラインを作成する • 職員向けのテレワークに関するQ&A情報を作成、ウェブで共有するとともに、随時更新する • サテライトオフィス勤務の申請・報告手続きを簡略化する（申請・報告フォームをウェブで提供）
組織風土の醸成	• 管理職層の理解促進と経験の場の提供 • 「テレワークは普通の働き方の選択肢の一つ」と組織の全員が認識	• 管理職層に対して研修を実施する • 実証事業期間中に、管理職層に対して週1回のテレワーク実施を義務づける • 報告会を実施し、当事者による事例の発表とともに、テレワークによる業務改善効果を数値化して示す

テレワーク導入のための準備と地ならしを並行して行う

企業であれ、自治体であれ、テレワークの導入は情報インフラへの投資を伴うとともに、働き方の規定の変更も伴います。したがって、プロジェクトの早い段階で経営層の承認、さらには強力なサポートを取り付けておく必要があります。

予算の確保も必要になりますので、正確なコストの見積もりとそれによる効果予測、導入から組織内に普及させる工程表などを整えて、経営層や関係する担当部門に説明をしなければなりません。

前の項で説明したように、「目的の明確化」、「効果のイメージ共有」、「推進体制の確立」ができたら、次はこの作業となります。佐賀県では、そうした説明のための正確な説得材料を整えることの検討に入りました。

前述の部門横断の推進チームで、先進的な企業の視察に行きながら、システム関連についてては複数のＩＴ事業者に見積もりと提案を求めました。推進チームの各部門がそれぞれ、先進事例や業者からの提案を集めながら、プロジェクトの概要がだんだんと見えてくるようになったところで、導入に先立って確認したいことを具体的に検証するべく、実証事業を企画しました。

実証事業の目的は実際に導入する場合に必要な検討材料の正確なリサーチ、導入への障壁になり得る課題のあぶり出しなどですが、主要なものをP185上段の表に列挙しました。経営層をはじめとした、事業実施に必要な各部門への説得材料を集めるとともに、テレワークの推進に対して事前に想定される課題については、この実証事業の間に先んじて手を打つこともその事業の内容に含めました。いわば地ならしです。

この実証事業は、予算も確保でき、「モバイルワーク推進実証事業」と称し、2013年8月から実施しました。具体的な実施事項をP185中段の表に列挙します。

全庁への導入をスピーディーに実施でき、導入後も早期にいくつもの効果を挙げることができたのは、この「モバイルワーク推進実証事業」を、この表のように約7ヶ月間にわたって準備も含めかなり周到に行ったことが最大の要因でした。

ここでP185上段の表に関して、少し説明を加えます。

「業務にモバイル端末が活用される可能性の把握」「技術的課題、業務課題の収集」とは、そもそもモバイル端末が業務に有効に活用されるのか、モバイル端末の活用が県民サービスの向上や業務効率改善につながるのか、を確認することです。配布されたモバイル端末がさほど活用されず、効果も挙がらなければ、予算を投入してまでテレワークを実施する意味がなくなります。

同じく左ページ上段の表にある「モバイル端末数や仮想デスクトップ環境の規模感の検討」と「初期及び運用コスト試算のための材料収集」は、新たに整備、購入することになるハードや情報システムの必要規模や、初期とランニングのコストを確認するのが目的でした。

テレワークを実践するには、タブレット端末をはじめ、データやシステムを管理するサーバー、データ共有のためのストレージ、テレビ会議システム、仮想デスクトップの構築など、さまざまな機材や仕掛けを用意する必要があります。事前に複数の業者から見積もりを取るとともに、それらの機能や性能の比較を全庁導入まで見据えたコストの計算とともに精査していきました。

さらに、導入への準備と並行して、庁内から起こるであろう、テレワークの推進に対する反対意見や効果に対する疑問といった阻害要因にどう対処するかも検討しました。それが左ページ上段の表の「全庁導入に向けた庁内調整のための判断材料の収集」

モバイルワーク推進実証事業の実施目的

・全庁導入に向けた庁内調整のための判断材料の収集
・業務にモバイル端末が活用される可能性の把握
・技術的課題、業務課題の収集
・モバイル端末数や仮想デスクトップ環境の規模感の検討
・初期及び運用コスト試算のための材料収集
・サテライトオフィスの設置に関する検証
・管理職層への対策
　①体験を通したテレワークへの理解
　②意見収集とそれへ対応
　③テレワークが本気で導入されるという機運の醸成

「モバイルワーク推進実証事業」の実施事項

・モバイル端末の配布（100台、35所属）
・サテライトオフィスの設置（県内11か所、県外2か所）(合計40席)
・全管理職を対象とした原則週1日のテレワーク実施
・職員研修（管理職対象）
・報告会（中間・最終）の実施

「モバイルワーク推進実証事業」の実施スケジュール

2013年6月27日	事前説明会
2013年7月1日〜30日	端末配布決定所属における配布前の準備。使用前と使用後を比較して効果を測定するための使用前データの収集
2013年8月1日	モバイルワーク・キックオフ
2013年9月6日	一次報告会
2013年10月30日	二次報告会
2014年2月13日	最終報告会

と「管理職層への対策」です。

テレワーク推進の成功に向けての最大の鍵は、管理職層がどのような態度に出るかにあると私は予想していました。個別企業への導入のお手伝いをする際に受ける相談や、セミナーなどでの質問でも、この「管理職層をどのように巻き込むのか？」という課題は断トツで多いものです。どこの組織も、人事部門や情報部門とともに、管理職が反発する、もしくはついてこられないと思っているようです。この点については、この章でのちほど詳しく説明します。

手挙げ方式でモバイル端末１００台を配布

Ｐ１８５の表で示したような目的を掲げ、いよいよ県内外に13ヶ所（合計40席）のサテライトオフィスの設置をスタートさせるとともに、モバイル端末１００台の配布の準備など、具体的に事業を開始しました。

なお、モバイル端末の配布は、端末の割り当てを受けたい部門に「どのような課題に対して、モバイル端末をどう活用して課題解決にあてるか」を提案してもらう、

「手挙げ方式」で公募することにしました。

これは「モバイル端末を業務に使ってください」と一方的に渡すと、中には「使いたいと思ってもいないのに迷惑な話だ」と思う部署もあるのではないか、という予測からです。そうした部署に端末を渡しても使われない確率が高いので、積極的に使いたいと希望する部署に有効活用してもらうほうがいいと考えたのです。

公募の結果、募集した100台のおよそ2倍の196台の応募がありました。当初想定していた以上に、熱のこもった積極的な提案が多い反面、予想通り「(当課は)傍から見れば最も使うだろうと見なされるので、とりあえず申請した」ということが文面からわかる熱意の無い応募も含まれていました。

後者の課は、業務内容が似た3つの課で、「いかにもコピーしました」という同じ文面でした。これらの3課は不採択です。配布先の最終決定をする会議の際に、他の部長から、「〇〇課と、〇〇課は必要だよね」との発言もありましたが、丁寧に不採択の理由を説明して納得してもらいました。

とはいえ、全体で見れば、想定外に多い数の応募があったことと、具体的な利用方法を詳細に提案した応募が多く見受けられたことで、当初心配していた「そもそもモバイル端末を有効に活用するのか？」「モバイル端末の活用が行政サービスの向上や業務効率の改善につながるのか？」といった課題については、ある程度の成果が出せる、という感触を配布先選定の段階で得られました。

このモバイル端末の配布において、推進チームで配布先と台数を考えるのではなく、手挙げ方式にしたことが、この実証事業を成功に導き、それに続くテレワークの全庁展開のスピードを速め、多くの成果が早期に生まれたことにつながりました。

テレワーク導入の前後で、業務がどう変わったか報告してもらう

モバイル端末を配布した部署には、導入前後で業務にどんな変化があったか、記録してもらうようにしました。モバイル環境導入前後で、業務改革の度合いを数値で比較するためです。

それまでの県庁での仕事で、必要性や理念を言葉で説明するだけでは、組織を動かすことは難しいということを実感していましたので、具体的な効果を数字として数多く揃え、その結果を、実際に実証事業に参加した各担当部門の当事者に発表してもら

モバイル端末配布先に依頼した、主な事前準備事項

- 日々の個々の業務にかかる時間の記録
（外出前の準備時間など）
- 出先にて実施する記録の方法や記録するデータの状況の記録
- 出先に持参する資料や書類の重量の計測と記録
（写真の撮影）
- 持ち帰り対応が必要となった案件の発生回数の記録
- 出先からの直帰回数の記録
- 資料や業務に使用するコンテンツの電子化

うことを最初から想定していました。

あらかじめ推進チームで、改善の度合いをはかることができそうな業務をピックアップし、それらを数値化するために記録や測定をお願いしたのです。これにより、テレワーク導入の前と後の変化を、数値で比較できるようにしました。

より改善の度合いが大きくなりそうな業務については、私が前職でテレワークを長年経験してきたことと、ここまでの3年間の県庁での仕事で毎日目に触れる職員の働き方を見てきたことから、かなり確信をもってピックアップすることができました。そうした私

の意を汲んだ推進チームの職員たちからも、的確な意見が寄せられて非常に意欲的な仕事の現場であったことが思い出されます。

タブレットを配布した部門で記録してもらう項目は、Ｐ１８９の表に挙げたとおりです。記録する項目が多く、そこから発生する作業も少なくありません。じつは配布先を手挙げ方式の公募にしたのは、こうしたことも見込んでのことです。煩雑な記録をあまり乗り気でない部署にお願いしても、「やらされ感」や「重荷感」が先行して、正しい記録が取れない可能性があると考えたからです。

このモバイル端末導入前の記録を取っている間に、仮想デスクトップ環境が構築され、１００台のモバイル端末に必要な設定も終了。モバイル端末を35部門に配布し、２０１３年8月1日に実施したキックオフ・ミーティングで配布先の各担当者に初期設定を行ってもらいました。こうして「モバイルワーク推進実証事業」はスタートしました。

サテライトオフィスの設置

モバイル端末の配布と並んで、「モバイルワーク推進実証事業」での重要な取り組みは、サテライトオフィスの設置です。モバイル端末の配布を受けない部署と管理職層にも、テレワークの導入を「自分ごと」として捉え、「テレワークとはどんなものか」を体験してもらうための取り組みでした。

佐賀県には佐賀市にある本庁以外にも、総合庁舎、土木事務所など、県内の各地に県の施設がいくつか点在しています。こうした施設の一部を利用して、県の職員が業務を行えるようにしました。例えば会議室として使われていた部屋に、デスクやイス、パソコン、電話を持ち込み、自分の席と似た感覚で業務にあたれる環境を用意しました。こうしたサテライトオフィスを県内外に13ヶ所（計40席）設置しました。

県庁職員は思いのほか、外出しての業務が多く、カバーする範囲も県全体と広いので、その移動時間が勤務時間の中で大きな割合を占める職員が多く存在します。そうした県内出張の際に、オフィスへ戻らなくてもサテライトオフィスで業務ができれば効率的に時間を使えます。

また、勤務先よりもサテライトオフィスの方が自宅から近ければ、家の事情や業務の事情、台風や大雪などの際など、都合に応じてサテライトオフィス勤務が選べれば、時間の有効活用の他にも、ワークバランス向上や非常時の業務継続など、大きなメリットが得られます。

こうした職員にとってのメリットを実体験してもらうことと、サテライトオフィスに対する不満・要望、懸念材料などを本稼働前に一つでも多く拾い上げて、早期に解決しておくということを目指しました。

管理職の意識改革で、組織風土の醸成をねらう

全管理職を対象とした原則週1日のテレワーク実施

モバイル端末の配布、仮想デスクトップの整備、サテライトオフィスの設置と並行して、もうひとつ重要な取り組みを行いました。とくに影響力の強い管理職層に、テレワークの意義やメリット、効果を実感してもらうために、県庁の全管理職を対象に週1回のテレワーク実施の義務付け（正確には、管理職自身のテレワーク実施状況の本部単位での「報告」の義務付け）と研修を行いました。

在宅勤務、サテライトオフィス勤務、外出先など自席以外の場所からのモバイルワークなど、どのような形でも構わないので、「管理職は週に1日以上、テレワークを実践すること」として、その実施状況を本部ごとに取りまとめて毎月報告することとしました。

管理職層がテレワーク推進の成否のカギを握る理由

・職員が在宅勤務やモバイルワークをすることの承認権者となる

・部署によりモバイルワーク推進の温度差があるのは管理職の影響が大きい

・「IT 技術の活用」や「従来とは違う働き方の導入」といった変化を好まない年齢層が中心

・在宅勤務やモバイルワークなど、自分の目の届かないところで部下が働くことに不安感がある

というのも、テレワークを普通の働き方の選択肢の一つとしての導入を図っておりましたので、その普及には上記の表のような理由から、管理職層の巻き込みがその成否のカギを握ると判断していたからです。

現場の職員レベルではテレワークに前向きであったり、その導入を渇望していても、管理職層が及び腰だったり、否定的な考えを持っていては、スムーズな普及はかないません。上記の表に箇条書きした着目点は、多くの組織の方に共感いただけるのではないでしょうか。

そこで管理職層にテレワークとはど

のようなものか、みずから体験して理解をしてもらうことが重要と考えました。職員や部署全体にとって、さらに管理職本人にもメリットがあることを認識してもらう必要があったのです。

また、全管理職を対象とした実践的な取り組みとすることで、管理職以外の職員に対しても、身近でテレワークが行われる状況が作り出され、「いよいよテレワークは本格的に導入されそうだ」という雰囲気を広げる効果も狙いました。想定通り、この管理職の週1回のテレワーク実践は、管理職同士の間ではもちろん、現場レベルの職員の間でも「あなたのところの課長はどの程度している？」「サテライトオフィスはどんな感じ」など、かなり話題になっていました。

開始当初は、不満や要望も上がってきましたが、これは想定内で、より具体的な不満を一つでもたくさんあぶりだしたかったので、これは後々、より良いサテライトオフィス整備と規則作りのためにとても助かりました。

数ヶ月すると、管理職層から「(問い合わせなどが少なく集中できるため) 日頃積み残した作業が一気に片付いた」「通勤時間減によるメリットを実感」「在宅勤務の昼休みに、所用を済ませることができて便利」といった、好意的な声が多く聞こえてくるようになりました。これは管理職層がみずからの体験により、テレワークの有効性を実感するようになったことを表しています。

こうして管理職層の意識改革がだんだんと進み、テレワークに対する抵抗や不安が徐々になくなっていったものと思います。

管理職への研修でさらなる意識改革を促す

テレワークの導入にあたり、重要な要素は、「情報インフラの整備」「制度の整備」「組織風土の醸成」の3つであり、そのどれか一つが欠けても効果はあがらないことを強く意識して、導入の準備を進めてきました。

3章でも紹介したように、テレワーク全庁導入以前の佐賀県庁では、数度制度を変えながら情報インフラのテコ入れを行ったにもかかわらず、在宅勤務制度の利用者数は年間10人程度にとどまっていました。「情報インフラの整備」「制度の整備」だけではテレワークは機能せず、「組織風土の醸成」があって初めて大きな効果が挙がるということを、この佐賀県庁の事例は証明しています。

前述した全管理職のテレワーク実践の義務付けも、「管理職の意識改革」や「管理職が受け入れやすい形でのテレワークの導入」を通じて「組織風土の醸成」を目指したものでした。

こうして組織全体でテレワーク導入を歓迎する雰囲気ができれば、よりスムーズに新しい働き方が浸透していきます。そうした流れを加速させるため、さらに行ったのが管理職対象の職員研修です。

全管理職を対象とした週1日のテレワーク実施から約3ヶ月後、本庁の管理職を対象としたテレワークに関しての職員研修を実施しました。そのときの講師は、日本のテレワーク推進の第一人者である、株式会社テレワークマネジメントの田澤由利社長にお願いしました。

研修の中で田澤さんから「介護離職を他人ごとと思っていませんか？　みなさんの部下にとっては深刻な問題です」「働きにくい時期には、調整しながら働き続ける。そしてまたフルに働けるようになれば、職場へ戻れるようにしていくことが必要」など、大変貴重なお話をいただきました。

この後、研修に参加した管理職に対して実施したアンケートでは、「これからの県庁の仕事の進め方としてテレワークは有効だと思う」という人が約６割近くいました。

また、「テレワークの今後の取り組みについて」聞くと、「積極的に続けていきたい」と「今回の研修をきっかけに前向きに取り組みたい」が、合わせて54％と半数を超えています。（Ｐ２００の表参照）

このタイミングで研修を行ったことにも意味があります。

まず、管理職自身にテレワークを体験してもらい、まず自分が「テレワークとはどのようなものか」、「自分にとってメリットがある」という実感を持ってもらい、それに続いて、それが職場の運営にどのような影響をもたらすかを真剣に考えてほしかったのです。この期間を経過した後に、外部の講師から、テレワークのもたらすものや、これからの社会でどのような意味をもつのかを聞けば、「自分ごと」として捉えやすくなるのでは、と考えたからです。

アンケート結果をＰ２００の表で示します。この結果からは、管理職の意識改革が定着しつつあるのがわかります。これも全管理職へのテレワークの義務付けと、その後の職員研修という流れが、十分な効果を挙げたためではないでしょうか。

今となっては一つ後悔をしていまして、それは「モバイルワーク推進実証事業」を実施する前に、これと同じ内容のアンケートを取って、比較できるようにしておけばよかったということです。それを行わなくても、このテレワークの全庁導入は成果を挙げているので、ぜいたくな悩みですが、次にどちらかの企業や自治体で初期段階から関わらせていただく際には、ぜひこうしたデータも取って、次に続く組織の方への材料として揃えていけたらと思っています。

佐賀県庁職員研修後のアンケート結果

（回答数；管理職　233名）

◆これからの県庁の仕事の進め方としてテレワークは

・有効だと思う	57%
・どちらともいえない	38%
・有効だとは思わない	5%

◆テレワークの今後の取組みについて

・積極的に続けて行きたい	15%
・今回の研修をきっかけに、前向きに取り組みたい	39%
・今の業務はテレワークに向かないが、所属が違えば、積極的に取り入れたい	26%
・効果、必要性は理解できるが、自分が実践することは気が向かない	19%
・初めから乗り気ではなく、研修受講後も考えは変わらない	1%

◆テレワークを当たり前の働き方にするために必要なこと（複数回答）

・情報・データの共有	133
・ICTツールを活用したコミュニケーション能力向上	107
・日頃からの報告・連絡・相談・コミュニケーション	99
・ペーパーレス化の徹底	89
・日頃からの計画的な業務遂行	85
・ICTツールの充実	72
・所属長のマネジメント能力の向上	57
・打合せ、会議の精鋭化	49
・その他	23

（2013年10月29日実施の研修会でのアンケート）

報告会の実施で効果の確認と共有意識を広める

　このようにさまざまなメニューを順次行ってきましたが、実際にそれがどのような効果を生んでいるのか、参加する部門間で確認を行う報告会を開きました。

　これは他の部門でのテレワークの活用法を知ることで、より効果的な使い方に気付くことも目的としていました。モバイル端末配布から約1ヶ月後に一次報告会を、二次報告会は配布から約3ヶ月後、そして最終報告会を配布から半年後に実施しました。

　タブレット端末を配布された部署において「どのような使い方をして、どのような成果が挙がったか」「どのような課題があるか」を、あらかじめ報告書にまとめて提出してもらい、その中から他の配布先の参考になりそうな事例を抽出して、報告会の中で発表してもらいました。

　「タブレット端末を使って、動画など視覚的なプレゼンが可能になった」など、さまざまな事例が報告されましたが、印象的だったのは、いずれも各部署の現場特性に合った活用法が、それぞれの創意工夫によって実施されていたことです。この時点でモバイルワークの有効性と、テレワーク導入後の手ごたえのようなものを感じました。

また、一次、二次の中間報告会の後も、タブレット端末を配布した部門からのヒアリングやアンケートは継続して実施し、実施前から継続して計測や記録をしてもらっていた業務改革の効果の数値のとりまとめなどを行いました。最終報告会に向けて、左ページのグラフのように、タブレット端末を用いることで大幅な業務改革を実現できることが、数値で具体的に示すことができました。

そこには業務の効率化や迅速化に加え、そこから生まれる効果としてワークライフバランスの向上が証明される数値も見られます。モバイル端末配布からわずか数ヶ月で、こうした効果が現れてきたのです。

「モバイルワーク推進実証事業」での代表的な成果

その場で解決

■持ち帰り対応回数(ひと月あたり)

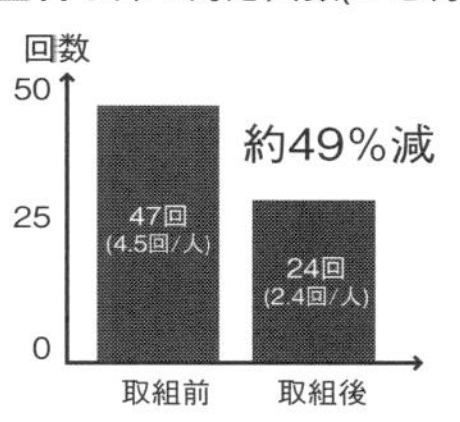

佐城農業改良普及センター

（農産課、商工課、唐津農林事務所、工業技術センターで同等の報告）

業務報告を迅速に

■すきま時間の活用(ひと月あたり)

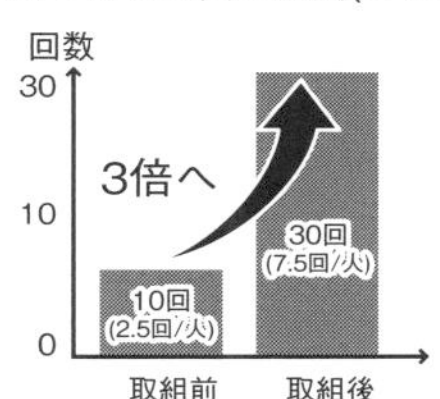

危機管理・広報課(東京オフィス)

（農産課、佐城農業改良普及センター、茶業試験場、唐津農林事務所、職員課が同等の報告）

事務作業を効率的に

■復命書作成時間(1回あたり)

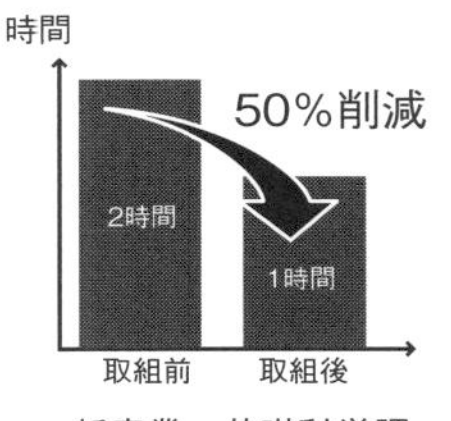

新産業・基礎科学課

（循環型社会推進課、医務課、秘書課、園芸課、産業技術学院等で同等の効果の報告）

ワークライフバランスにも効果

■直帰できる率(ひと月あたり)

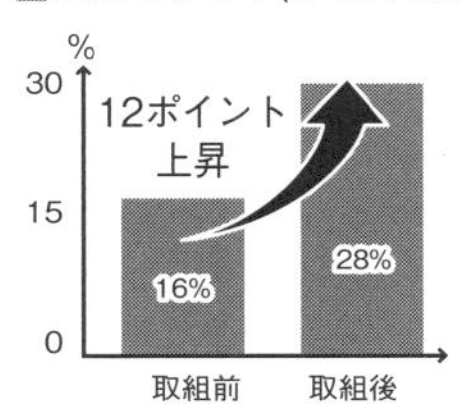

企業立地課

（秘書課、企業立地課、農産課、西松浦農業改良普及センター、杵島農業改良センター、唐津農林事務所で同等の報告）

この「モバイルワーク推進実証事業」の最後には、知事や幹部職員を集めて、最終報告会を実施しました。中間報告会と同様に、実証事業に参加した担当部門から、どのような取り組みを行ってどのような成果が出たかを発表してもらいました。発表を行ったそれぞれの部門が、その現場の実情に合った形で創意工夫に満ちた事例を、測定した数値とともに発表し、大きな評価を得ることができました。

そこからは、トップの承認も得られ、さらに多くの部門と幹部職員まで巻き込む形で全庁への展開に向けてことは進んでいきました。最終報告会から7ヶ月半後には、4000人の全職員を対象としたテレワークの全庁展開を開始することができました。

ここまでの短期間で全庁展開が可能になったことは、P185の表に挙げたように、「モバイルワーク推進実証事業」で本格導入を意識した検証項目を明確に挙げて、実証事業中にその一つずつを検証して、全庁に規模を拡大するとどうなるかを並行して準備していたことが功を奏しました。

「情報インフラの整備」「制度の整備」「組織風土の醸成」が成功の3要素

制度だけつくっても成功しない。重要なのは組織風土の醸成

ここまではテレワーク導入までの手順を紹介してきました。ここからは導入のベースとなるもの、成功のポイントを紹介します。

「管理職への研修」の項でも軽く触れたように、テレワーク導入を成功させるには、「情報インフラの整備」「制度の整備」「組織風土の醸成」の３つの要素が必要となります。このうち、どれかひとつが欠けても、テレワークはうまく機能しません。

典型的な例が、普及しなかった佐賀県庁の在宅勤務制度です。女性職員の出産・育児と仕事の両立を目指して制度が作られ、自席のパソコンを外からでもリモートできるインフラも整備しました。しかし、実施から何年たっても、年間に10人ほどの利用しかありませんでした。それがテレワークの全庁導入によって、利用数が飛躍的に伸

びたのです。

この事実からわかるのは、「制度」を作って、「情報インフラ」を整備する、これだけではテレワークの利用が促進されないということです。つまり、上記の2要素に加えて、なにより「組織風土の醸成」が成功の要になるのです。

ここまで紹介してきたように、「モバイルワーク推進実証事業」の実施項目の中でも、管理職層の理解を促し、実際に経験してもらうといったように、それぞれの職場ごとにテレワークを実践しやすい雰囲気づくりに多くの時間とエネルギーを費やしました。この点を意識して取り組んだことが、２００８年から実施していた在宅勤務制度と、２０１４年の全庁テレワーク導入後との一番の違いです。

タブレット端末を配布した部門で、数値を計測してもらい、業務改善効果を具体的な数値で示したことすらも、多くの管理職を納得させるための材料を集めていたと言えなくもないのです。つまりはこの3つの要素の中でも、「組織風土の醸成」が、テレワークを導入して推進していくためには、最も重要な要素なのです。

テレワークを普通の働き方とするまでの組織風土の醸成

「組織風土の醸成」の目指すところは、「テレワークは普通の働き方の選択肢の一つ」と組織の全員で認識することです。P194の表「管理職層がテレワーク推進の成否のカギを握る理由」で示したように、まず管理職層にテレワークを理解してもらわなければ、それぞれの職場でテレワークを行えるような風土にはなりません。

まずサテライトオフィスを設置して、管理職に週1回テレワークを実施するように仕向けたのは、まずは管理職に自分の職場以外でも仕事ができることを経験してもらうためでした。

いきなり「自宅で仕事をしてください」といっても心理的なハードルが高いと思われます。また、昼間も家にいれば、ご近所の目など世間体を気にする人も少なくないでしょう。こうした想定の中でサテライトオフィスの存在が「県庁の施設に出勤して働く」という環境を作り、在宅勤務よりも心理的なハードルを下げることになりました。そして何より、職場以外の場所でも仕事はできることを体感してもらうとともに、「サテライトオフィスや自宅の方が適している業務がある」という感覚を得た管理職が少なからず出てきたことに大きな意味がありました。

こうした試みが浸透するにつれ、組織に所属する誰もがテレワークを特別視せず、その特性を理解するようになれば、スムーズな導入が可能になります。またそうなれば、「在宅勤務はサボっているようで利用しづらい」「いつも席にいない、とまわりから非難されないか」といった、気兼ねや不安も減っていくことになります。

在宅勤務やサテライトオフィスの利用が普通の働き方として浸透すれば、行きすぎた自分勝手な運用をする人が現れて、周りに悪影響を及ぼすような弊害も出てこなくはありません。しかし「普通の働き方」の選択肢の一つですので、出張や有休の取得などと、同様に考えてください。

出張や有休の取得には、必ず上長の承認が必要であり、上長はそれらの申請に対して、その都度状況を判断して、他の職員・社員とのバランスを見て承認を行うはずです。個々の職員・社員の身勝手が許されるものではないので、それぞれが相手のことを尊重して運用することが必要です。

一連の導入に向けたアクションの中では、タブレット端末を大量に配布したことに目が行きがちです。しかし、その取り組みの多くは「組織風土の醸成」、とくに管理職への啓発と経験の場の提供に費やされました。これからテレワークを導入する方には、是非、この点を強調したいと思います。

制度の整備、情報インフラの整備について

そして最後に、「制度の整備」と「情報インフラの整備」についても触れておきます。結局、ここが準備段階ではもっとも大きな作業を要するものでした。中でも以下の2点については、充分な時間をかけて進めました。

- **「モバイルワーク推進実証事業」の中で、業務改善で大きな成果を出したタブレット端末は、何台用意するのが適切か。**
- **自席を離れても、同じような業務を遂行するための仮想デスクトップは、どれほどのライセンスを契約すればよいのか。**

タブレット端末も仮想デスクトップのライセンスも、佐賀県としては初めて導入するものだったので、事前に検証を重ねて、予算と効果の程よいバランスをとる必要が

ありました。それぞれ複数の提供会社から見積もりを取り、ライセンスの形態や運用方法でどのような価格設定があるのかなどの情報を収集しました。

仮想デスクトップのライセンスとは、利用する一人一人がライセンスを持つのではなく、「同じ時間に何人まで、仮想デスクトップのサーバーに接続できる」という、上限の数値で契約する同時接続ライセンス数の方式をとることにしました。「多くの職員が同時に仮想デスクトップに接続する状況とは」「その際に何人くらいが同時に接続してくるか」をあらかじめ想定しなければなりません。

結果的に仮想デスクトップの同時接続ライセンスは500ライセンスを調達することになるのですが、全庁での展開を開始してから、最も多い同時接続数が、2章、3章で触れた台風や大雪の朝でしたが、その時で400強でしたので、500という数字は、実運用上はピーク時に接続できない職員を生じさせることなく、なるべく少ないライセンス数で経費を抑えるというバランスの取れた落としどころでした。

「制度の整備」は、実証事業の準備段階や、実証事業中の制度施行などで、必要なことはあらかた済ませていました。具体的には、在宅勤務やサテライトオフィス勤務の実施、および庁外で作業を行うモバイルワーク実施に際してのガイドライン（名称は組織によってさまざまでしょうが）を作成します。

従来は特別なことであった、それらの勤務形態を、出張などと同じような普通の働き方の形態の一つであることを、組織として認めることが、このガイドラインで示すものになります。それとともに、一般の職員・管理職など組織のすべての人が、その新しい働き方の運用に悩んだり、疑問が生じたりしたときに、それらに応える内容が記されているのもガイドラインです。

佐賀県庁では、人事部門からこのガイドラインを発行し、庁内のウェブの掲示板にテレワークに関するQ＆Aをはじめとしたさまざまな情報とともに掲載しました。新しい働き方の導入になりますので、このウェブの掲示板には、随時、新たに見つかった周知すべき内容を追加したり更新したりしていきます。

また、職員から上長への在宅勤務やサテライトオフィス勤務の申請と報告をより簡略化することで、よりその利用を促すために、職員が業務で利用するウェブに新たなフォームを追加しました。

INTERVIEW 4

心の疲れた働き手のリトリート施設で、地方へ人を誘致する

血の通う地方創生

コメンテーター
ふるさと回帰総合政策研究所　代表取締役

玉田 樹氏

玉田さんは日本最大手のシンクタンク・野村総合研究所の経営コンサルティング部長、社会産業研究部長などを歴任され、執行役員や理事を務められた方です。産業論や社会システム論の専門家で、その著書も多数にのぼります。現在は「ふるさと回帰総合政策研究所」の代表取締役として、おもに地方創生へ取り組んでいらっしゃいます。

そんな玉田さんに「テレワーク」「兼業」「地方創生」といったキーワードを中心に、忌憚のないご意見や提言をいただきました。

とくにテレワークでは、なかなか普及しない実状を踏まえ、どうしたら社会に広く浸透するのかを伺いました。

地方については「ビジネスモデル特許」「ふるさと起業誘致条例」など、地方がもっと元気になるための「玉田プラン」も提言していただきました。なかでも、地方に心の疲れた働き手のリトリート施設（一時避難所）をつくり、新しい形の企業誘致にしてはどうか、というアイデアは斬新で印象的でした。

いずれのテーマに関しても、社会の動向や趨勢を長年にわたって見つめてこられた氏の見識や経験則が、平明な言葉となって表されています。

※このインタビューは２０１７年５月に行われました。文章の内容や日付に関しては、収録時のまま掲載しています。

ICT環境を整えるだけでは、働き方は変わらない

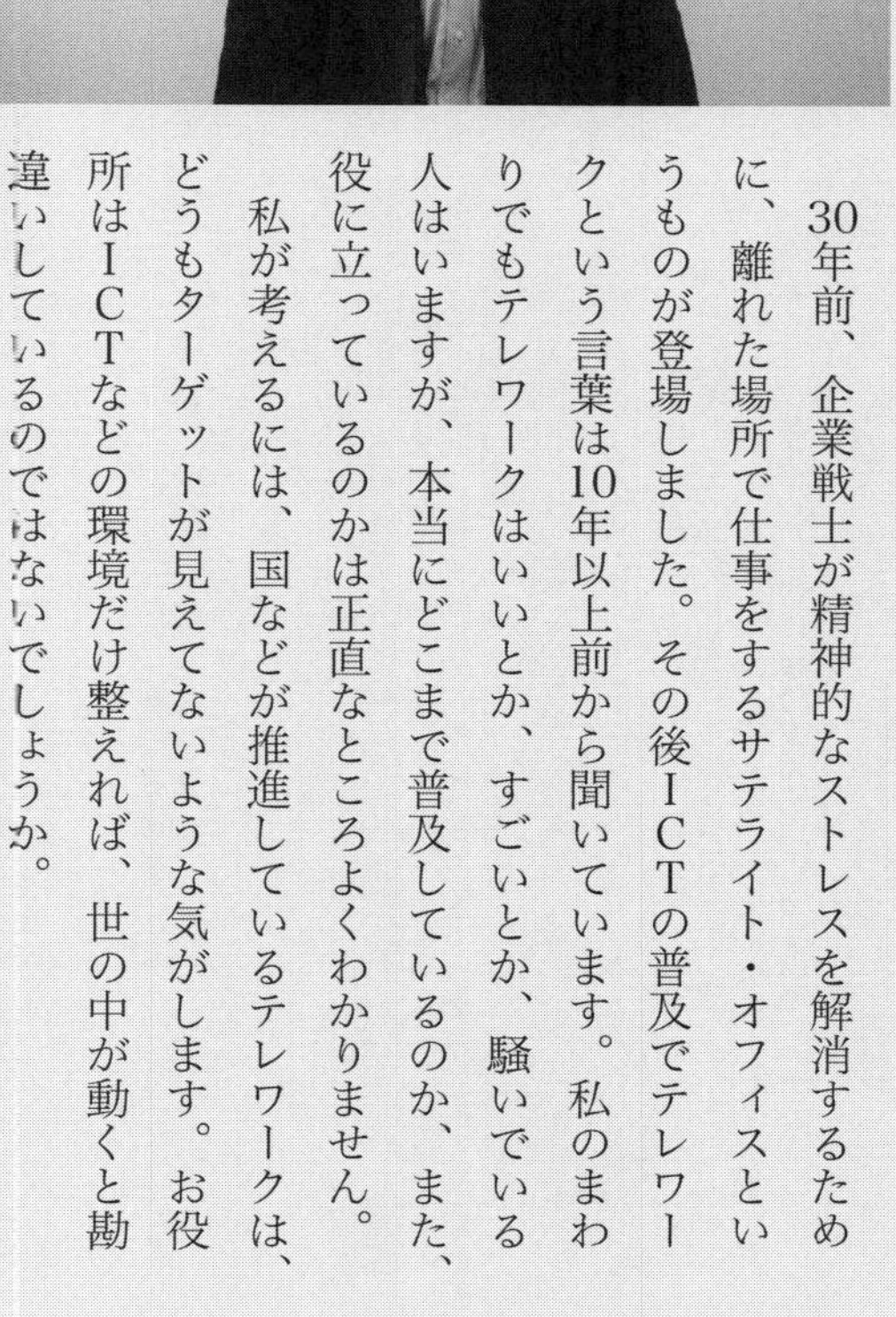

30年前、企業戦士が精神的なストレスを解消するために、離れた場所で仕事をするサテライト・オフィスというものが登場しました。その後ICTの普及でテレワークという言葉は10年以上前から聞いています。私のまわりでもテレワークはいいとか、すごいとか、騒いでいる人はいますが、本当にどこまで普及しているのか、また、役に立っているのかは正直なところよくわかりません。

私が考えるには、国などが推進しているテレワークは、どうもターゲットが見えてないような気がします。お役所はICTなどの環境だけ整えれば、世の中が動くと勘違いしているのではないでしょうか。

実際に誰が使うのか？　そこをはっきりさせないとい

けません。使いたい人がいなければ、いくら環境を整備しても機能しないでしょう。

とくに地方でのテレワーク活用は、そうした側面が大きいと思います。

よくテレワークの成功例として徳島県の神山町が取り上げられます。ここは中山間地の小さな町にもかかわらず、２００４年には全戸に光ファイバー網が整備され、テレワーク環境が整っていました。

みなさんはそこだけを捉えて大騒ぎしますが、じつはその5年前からNPOのグリーンバレーが、神山町にアーティストを呼んで支援する事業を始めています。海外からのアーティストもいたので、彼らの情報通信ニーズに応える必要もあったでしょう。そうした素地があったことを忘れてはいけません。


情報通信企業の都合や効率だけを考えて導入しても、おそらく続かないでしょう。テレワークを導入することで「誰が喜ぶのか」「使う人が本当にうれしいのか」、よく見極めないといけません。

「在宅勤務は効率が上がる」という人もいれば、「家では仕事ができない」という人もいます。一律に押し付けても、人それぞれに個人の事情やキャラクターの違いもあります。まず初めに人ありき、次にＩＣＴの技術と環境を考える。ただし、後者はあくまでも道具や手段でしかありません。

私が地方創生について言っていることも、森本さんがこの本でテレワークの導入をすすめる動機と同じです。「地方」「企業」「働き手」が困っていることをテレワークで解消して、みんながよくなるのであれば、こんないいことはありません。

テレワークは選びたい人がとるひとつの働き方の選択肢です。すべての人にいいわけではありませんが、助かる人は多くいると思います。

その点では私も森本さんも、まずＩＣＴありきではありません。テレワーク＝ＩＣＴでもありません。その部分の認識は共通しているようです。

失敗するＩＣＴビジネスの共通点

ＩＣＴを使ったビジネスの失敗例を見ていると、テレワークも同じ轍を踏むのでは、と感じるときがあります。

情報通信環境が飛躍的に向上して、ＩＣＴは個人で買い物や映像を見て楽しむようなことから一歩進んで、われわれの現実生活や企業の現場を支援する道具になりました。「よりよく生きる」ことを支えるしくみ、といってもいいでしょう。まず、このことをわきまえないと、ＩＣＴをいくら使っても意味がありません。

例えば、買い物や、映像の分野ではＢｔｏＣ（ビジネスｔｏコンシューマー）のビジネスモデルでもいいのですが、「現実生活」や「企業の現場」をＩＣＴで支援しようとするとき、企業が消費者に直接ＩＣＴを使ったサービスを提供するＢｔｏＣのビジネスモデルではほとんどの場合は失敗します。

「現実生活」や「企業の現場」を支援する場合、企業と消費者の間に介在するもの（Ｂ´）をかませないと、うまくいかないのです。この役となるのは、日頃、消費者に直接サービスを提供している人たちです。例えば病院、介護施設、給食サービス、学習塾などです。この介在する人たちにＩＣＴを使わせないとビジネスは成功しないのです。

以前、私のところにセラピーロボットを開発中であるが、どのようなビジネスモデルにしていいのかわからない、という相談がありました。製作協力にはメーカーや独立行政法人などが名を連ねていましたが、肝心な医療関係者が入っていません。「一体、このロボットは誰が使うのですか?」と私は尋ねました。使う人が製作に携わらなければ、いいものができるはずがありません。これも介在者(B´)が抜けている例です。BtoB´toC、つまり開発提供者to医療機関to患者という関係をつくらなければ、ことは先に進まないということです。

テレワークもおそらく、こうしたことができていないので、普及が広がらないのかもしれません。また、先に触れましたように、誰が利用するのかという具体的な対象者が依然不明なことも普及していない一因だと、そう私は見ています。

人生を豊かにする「兼業」

多くの日本の企業が今まで通してきた年功序列や終身雇用、もはやそんな時代ではありません。目の前の現実に目を向ければ、非正規雇用の働き手が増えています。

もしこの人たち全員を正規雇用にシフトすると、企業の人件費総額が10%上がると私は試算しています。企業がそれに耐えるか、もしくはリストラをするか、現役社員の給与を減らすか、いずれにせよ大変な決断を迫られます。

そう考えると、すでに「働き方改革」をしないと、もたないところにきています。

そこで兼業という考え方が出てくるのです。

兼業のシステムは、帰属する会社の仕事を例えば3割減らし、その分、給料も3割減るというものです。3割分の時間は自由裁量時間として、個人の好きなことに使うのです。別の仕事を副業にしてもいいですし、フリーランスとして自立する準備、育児や介護にあててもいいでしょう。働き手から見ると「二足のわらじ」となり、企業側からは「ワークシェアリング」になります。

私の試算では100人兼業すれば、5人は地方へ行く人が出てきます。この数を10人や20人にするには、政府の後押しが必要でしょう。田舎での住むところや情報通信など、さまざまな環境が整っていれば、地方へ行く人数は増えると思います。先ほど話をしていたICTやテレワークは、こんなところで出番があるかもしれません。

さらに、地方で兼業することになれば、都会のほかに住居が必要となり、兼居の必要性が高まります。

21世紀になって日本人の価値観は変わりました。以前は「豊かさ」「豊かな生活のために」が第一でした。いわゆるリビング（暮らし向き）です。しかし、今や「よりよく生きる」「人生を豊かにする」ことが一番です。つまりライフ（人生）です。

こうした考えも兼業の背景にはあります。家にしばられ、会社にしばられ、与えられたサービスを享受することが豊かさの象徴でしたが、今は自分でできることは、自分でやる時代になりました。

今がチャンスだと思っています。こういう世の中の動きがあって、初めて物事や人が動き出すものだからです。

地方を変えるのは大都市の人々の役目

地方が知恵を絞り、努力して手に入れた成功事例があると、国はすぐにモデル事業として吸い上げ、他の地域に分配します。私も今までずいぶん、そうした例を見てきました。そのたびに、苦労してつくりあげたビジネスモデルを、勝手に使われた地方の人の落胆する姿も見てきました。

私はこうしたケースには「ビジネスモデル特許」を付与してはどうか、と考えています。国が吸い上げるならばその分の特許料を払いなさい、そして恩恵を受ける他の地方も同じように払いなさい、というものです。こうした公平なしくみをつくらないと、地方の創意工夫がなくなり、モチベーションも下がるいっぽうです。

もうひとつ言いたいのは「地方を変えるのは大都市の役割」ということです。大都市の住民のライフスタイルが変わらないと、地方はよくなりません。その一例が先ほども言った、都会と地方の「二地域居住」をして地方で兼業するスタイルです。このように働き方のしくみを変えないと、いつまでたっても地方は変わらないでしょう。地方の疲弊は大都市にもはねかえり、国力のダウンにも波及します。一蓮托生の問題なのです。

「機会があれば」「チャンスがあれば」と考えている人はいても、その一歩がなかなか踏み出せません。しかし、国が制度や働き方、しくみを変えれば、現実味が出てきます。

現に、神戸市役所では、市長が市役所の職員に兼業を認めています。これは「内ばかり向いていてはだめ。街へ出て、人と話して、町を盛り上げることを実践しなさい」という市長のメッセージを具現化したものです。

企業誘致ではなく企業人誘致を

かつての企業誘致は工場の誘致でした。ところが企業側も海外への工場移転、業務シフトの変化などがあって、地方は今までのような企業誘致には魅力を感じなくなっています。

そこで私が提案したいのは、企業の中で10％はいると言われている精神的に疲れた人のためのリトリートの場（一時避難所）を地方に作ったらどうか、というものです。静かな自然環境の下、マイペースで生活や仕事をし、リフレッシュすることを主な目的とします。

鳥取に本社があるラシックという会社が、すでにこうしたことを事業化しています。カウンセラー付きで1週間、超大手企業の社員を受け入れて、農業を体験させるなどして結果を出しています。

ビジネスとしてではなく、これを企業が福利厚生でやれば、そのリトリート施設には人が集まるのではないでしょうか。これもひとつの企業誘致、企業人誘致です。

地方から独立系のネットビジネスが生まれる

地方創生にテレワークを活かすとするならば「ふるさと起業誘致条例」といったものをつくってはいかがでしょうか。

これは地方で事業を立ち上げてくれた場合に、開業資金として例えば300万円を支給するというものです。その後、本格的に事業を継続するなら、地方からさらに融資をしてもいいでしょう。こういう条例がうまくテレワークとセットになれば、おもしろいことができそうです。

リーマンショックの後、サラリーマンの30％にのぼる多くの人から「地方で生業(なりわい)をもちたい」という声があがりました。地方への移住希望者は、以前は定年前後の余生をのんびり暮らしたい中高年が多かったのですが、今は若い人が地方へ行きたがっています。こうした若い人の受け皿をどうつくるかも、これからは大事になってきます。

若い人たちが地方で独立してフリーランスの仕事をはじめる。「テレワーク」と「ふるさと起業誘致条例」の環境が揃えば、地方で独立系のネットビジネスが雨後の筍のように生まれることも夢ではありません。

若い人たちの都会から地方への移住が増えれば、地方の未来に希望が見いだせます。地方創生に携わるものとして、これは喜ばしいことです。

＊＊＊＊

インタビューを終えて ——テレワークと兼業が混ざり合う可能性

今回の取材で、玉田さんに初めてお会いさせていただきました。私よりもずっと早くから、地方の問題について取り組んでこられた方で、私がこの本で取り上げたいくつかの切り口については、その全てにご自身での実践や研究に基づいた知見をいただけました。評論家的に論ずるのではなく、現場での実践をベースに具体的な提案も多くお持ちで、そのほとんどが私の問題意識と、その根源の部分からぴったりと重なりました。神山町の事例やテレワークと兼業の関わりなど、私が本書ではあえて取り上げなかったテーマについても、世の中で多く語られていることとは違った深い視点からのお話を伺うことができました。今後、そうした個別のテーマについて、もっと多くのスペースを用いて、玉田さんと、しっかりと深い議論と提言を行える機会を創れればと強く思いました。

6章

未来の「働く」は、地域社会で始まっている

市民と行政が本気になれば、外から人材が集まってくる！　――福井県鯖江市――

1章で掲げた地方、企業、働き手の抱える課題と将来への不安を、テレワークという手段を用いれば、解決の糸口を見いだせる可能性があるということを述べてきました。

その効き目ということでいえば、3章で示した事例にあるように、企業に最もその効果が現れやすいでしょう。カルビーやセールスフォース・ドットコム、更には企業ではなく地方自治体である佐賀県庁の事例を見ても、そこに勤める働き手のワークライフバランスは向上し、家庭と仕事の両立やメンタル面の改善などの課題の解決に直結していくでしょう。

企業・働き手の双方にメリットが出てくる「テレワークを活用した働き方改革」は、深刻な人手不足という企業の死活問題を背景として、国も本腰を入れて普及を図る姿勢を示しており、今後、徐々に広がっていくものと思います。

それに対して、地方については、状況は簡単ではありません。都会に流出した出身者が、離職することなく家族の介護のためにUターンするには、企業側が在宅勤務やサテライトオフィス勤務という働き方を認める必要があります。また、地方自治体が、サテライトオフィスを誘致することに力を入れても、地方にサテライトオフィスを置くかどうかの判断もまた企業側が握ります。

本書の最後となる、この6章では、若者が街の課題解決に力を発揮している地方の事例を2つ取り上げます。いずれの例も、テレワークを活用して働き方を改革することを待つことなく、「(本業の)仕事と生活」、「都会と地方」を両立させながら、地方の活性化に貢献している事例です。

2拠点に軸足を置いて特定の地域で活躍する若者たちは、今後、街の課題を解決して明るい未来を創造するイノベーションの原動力になると予想しています。これから取り上げる2つの事例は、いずれも若者と、それを取り巻く大人たちの本気の姿勢があります。

知恵と意欲を持った人が集まる、変化に前向きな街「鯖江」

大都会に若者が流出し、活気のない地方が多い中、福井県鯖江市は市長と市民に地元の企業が強力に街を引っ張り、さらに外部からモチベーションの高い人たちが集まってくることで年々元気になっている稀有な例です。

「とにかく熱い人がたくさんいる。」と知人から紹介されて、初めて私が鯖江を訪れたのが２００９年の秋でした。その後、毎年数回訪れていますが、訪れるたびに新しい取り組みがなされ、その多くが確実な成果を生み出しています。

また、もともと鯖江に地縁・血縁が無い人たちが、私のように足しげく鯖江に通っていて、行くたびに新しい出会いがありました。多くの「変化に前向きであり、知恵と意欲を持っている人たち」と鯖江で出会い、その後、一緒に仕事をすることになる場合も多々あり、私にとっては、さながら「人と出会う街」でもあるのです。

地元の人が進歩的なことにどん欲に取り組み、若い人や進歩的な人がどんどん集まってくる街、鯖江を、この本の最終章で取り上げることで、１章で問題提起した課題の解決の糸口を探っていければと思います。

大学の無い街に大学生のコミュニティが生まれる

鯖江に出会って、最初に驚かされたものが「鯖江市地域活性化プランコンテスト」（以下、プラコン）です。２００８年に第1回が開催されて、これまで毎年開催されているこのコンテストは、「市長をやりませんか？」をキャッチフレーズに掲げ、全国の学生たちを鯖江に招き、滞在する3日間で鯖江を元気にする活性化プランを作り発表するものです。

全国で似たような取り組みをする地域は多いのですが、一過性のイベントの域を出ていないものがほとんどで、せっかく提案されたプランをその後、具体化する動きはあまり見えていません。

学生プラコンの老舗である鯖江のプラコンが素晴らしい点は、学生から出された提案については、受賞作だけでなく、全ての提案について市役所の関連する部門が割り当てられ、事業として取り上げるかどうかの判断をして発表をするところです。その検討結果は、後日、鯖江市役所のウェブに発表されます。

「採択」、「一部採択」といったように、学生からの提案を市役所が真摯に受け止め、その提案をどのようにして市政に活かしていくかを、責任を持って答えを出すのです。「市長になりませんか?」のキャッチフレーズには偽りはないのです。これまでに多くのプランを市民、行政、参加した学生、地元学生たちが実現しています。市に採択されなくても、「やりたい!」と言って、鯖江に通って実現する学生もいます。

鯖江市を訪れて、そのプランの実施に向けて市役所の職員と働く場合もあります。プラコンに参加した学生は、その後も鯖江市とつながり、大学卒業後もプラコンにスタッフとして手伝いに来る場合も多く見られます。こうしてプラコンの会を重ねるにつれ、多くの鯖江につながった若者が蓄積されていき、先輩・後輩といった関係も生まれるようになり、東京や大阪・京都などで頻繁に集まるようにもなっています。

大学の無い街、鯖江が多くの飛び切り優秀なOB・OGのコミュニティを、何世代にもわたって抱えているような状態が生まれています。OB・OGの中からは、ニュービジネスの起業家表彰を受賞するような若手経営者、中央官庁の官僚はじめ、若くして社会の第一線で活躍する人材が生まれています。そのうち、プラコンのキャッチフレーズ通り、自分の出身地で実際に市長になるOB・OGも出てくるのではないかと思います。

２０１４年には「おとな版鯖江市地域活性化プランコンテスト」も開催されるようになりました。この「おとな版」は、もともとのプラコンのＯＢ・ＯＧが大人になって、「今度は大人版をやろう」と企画が始まったと聞いています。

おとな版プラコンからは、全国でも話題になったＪＫ課が市役所に設置され、女子高生たちの意見から「図書館の空席確認アプリ」が誕生するなど、具体的な成果も生まれています。単なるイベントや話題作りに終わらないところが、鯖江らしさであり、成功を収めて全国の一大ブランドにまでなっている学生のプラコンから、さらに次の新しい取組みへと発展していくエネルギーも鯖江らしさです。

外から集まる学生の声を拾い上げ、住民の声も拾い上げ、市長と市役所、市民が真摯にそれに向かい合う。さらに、後で詳しく述べますが、鯖江には最新の技術を駆使する力も持っています。鯖江では全国でも類をみない自治体の柔軟な姿勢と、自由な着想が、町をいきいきと躍動させています。

私は今回、鯖江を元気にしている多くのキーパーソンの中から、竹部美樹さん、福野泰介さん、木村共宏さんにお話をうかがいました。これからの地方がいかなる方向に進むべきか、３人の話の中から学ぶべきことが多々ありました。

市長の人柄に魅せられて地元のために動くようになった

プラコンは、ある女性の発案から生まれました。その女性が、鯖江で生まれ育った竹部美樹さんです。

竹部さんは一時期、鯖江を出て、東京の企業に勤めていました。そんなとき、地元鯖江の牧野市長（現職）が、みずからブログを開いていることを知ります。地元ゆえの親しみもあり、いつしか牧野市長とお互いのブログでやりとりをするようになります。すると市長が発信する地元のことが、遠く離れた東京にいても自分事として感じられ、どんどん地元が気になるようになったそうです。

そして鯖江にたまたま帰った時に、商店街のあまりの凋落ぶりにショックを受けました。そのとき、「地元のために何か動きたい」と思ったそうです。その思いがやがてプラコンへと結実していくのです。

じつは竹部さんの決意を後押しした、あるエピソードがあります。

竹部さんはある時期、辛いことがあってブログが書けなくなり、1ヶ月ほど更新が止まっていました。すると、それまでブログで交流のあった牧野市長がじきじきに、心配のコメントをくれたそうです。鯖江市の市長が、ただの一市民をこんなに気にかけてくれるものかと、竹部さんはすっかり牧野市長の人柄に感動しました。そしてその思いが今でも、地元への献身的な働きを支えているそうです。

「私のように、牧野市長に感化されて地元のために行動しよう、という意識をもった人は多いはず」と竹部さんは言います。後ほど紹介する福野泰介さんも、「私もその一人です」と言います。どちらも牧野市長の人間性に魅せられて（かく言う私もその一人なのですが）、「鯖江愛」に火が付いたようです。

この最大のキーパーソン牧野市長に関しては、P260のインタビューページで対談しています。

地元の学生が地元愛に目覚めたことが最大の収穫

話を竹部さんに戻します。

地元のために動く決心をした竹部さんの頭にひらめいたのが、その頃働いていた会社で携わった「ビジネスプランコンテスト」でした。そこでは学生たちが熱く語り、競い合っていました。「故郷・鯖江の学生たちにも、こんな刺激的な経験をさせてあげたい」と思うようになりました。

「最初は鯖江の商店街の人たちと協力しながら進めていきました」と言うように、まわりの人の協力にも恵まれ、２００８年にプラコンの第1回目を開催しました。プラコンに関しては、多くの記事で取り上げられているので、ここでは詳細を述べませんが、この前にも述べたようにたいへんな成功を収め、全国からも注目されるものに育ちました。

竹部さんにプラコンの成果を今回改めて聞いたところ、まず一番に返って来た言葉が、地元の学生が育ったということです。「第1回目を行った直後から、地元の学生の反応が顕著でした。それはそうでしょう。本来は自分たちが知恵を出すべき地域の活性化を、初めて鯖江を訪れるような学生たちが、真剣に議論している姿を目にするのですから。そこから地元の学生たちの意識が少しずつ変わったと思います」。

竹部さんは「地域というのは、担い手がいなければ何もできません。このコンテストも、引き継いでいく若い人がいなければ、終わってしまいます。当初は私と商店街の人たちが運営し、学生たちがサポートするという形で始まりました。しかし、現在は地元の学生たちが自主的に運営して、大人たちがサポートする構図になっています」と話してくれました。

さらに、「社会人版の地域活性化プランコンテストもスタートしましたが、これも同じく地元の学生団体が主催しています。きっかけはいずれにしろ、地域を盛り上げていくという気持ちを受け継いでいかなければ、その地域は寂れてしまうでしょう」とも言っています。

私もプラコン参加学生の優秀さ真剣さに驚きながらも、他地域から見て最も学ぶべき点は、この地元学生が覚醒し、実際に街のために精力的に動く仕組みが出来上がったことだと思っていました。さらに鯖江の特筆すべき点は、市長・役所を先頭に、鯖江の大人たちが、その内外の若者たちに「コミット」し、「サポート」している点です。

現在の竹部さんの姿勢が、まさにそれを具現化しています。竹部さんはコンテストの運営からまったく手を引いた訳ではなく、主催者となっている学生団体に全力でコミットしています。おもにイベントを行う際のアドバイスや、プレゼンの練習などが多いと言います。

学生たちの自主的な運営が10年もうまく機能し続けていることに「何か秘訣があるのですか?」と尋ねると、「私としてはどれだけコミットするか、どれだけ一緒の時間を過ごすか、それが全てだと思っています」という答えが返ってきました。

地域の若い人たちが、地元を好きになり、地元のために何かしたくなる、そんな空気を牧野市長や竹部さんたちが作っています。自分の街をよくしよう、という機運が盛り上がれば、それは世代を超えて街全体に伝播していきます。それが街の活気となり、ますます若い人が地元に引きつけられます。その好循環が鯖江にはあります。私たち世代の大人まで、鯖江の魅力にとりつかれてしまうのです。

オープンデータの活用など、鯖江がこれから進む道

市長の覚悟と行動力が「データシティ鯖江」を生んだ

鯖江ではIT技術の活用に以前から積極的でした。2006年に牧野市長（現職）が、ITの町をつくりたいということで、鯖江に本拠のあるIT企業のメンバー3人が市長室に呼ばれました。

このとき初めて牧野市長に会ったひとりが福野泰介さんです。福野さんは鯖江でjig.jpというIT企業を経営しています。オープンデータの世界では、日本でも有名な技術者です。その福野さんは初対面の席で、牧野市長の気さくさに驚いたといいます。

同席したメンバーのひとりに「ブログを始めてみては？」と提案された市長は、その2日後にさっそくブログを始めていたそうです。前述した竹部さんと同様に、気さくで行動力のある牧野市長にすっかり魅せられ、町のために何かできないか、そんな気持ちになったそうです。

また、「牧野市長は若い市民の意見をとても大切にする」と福野さんは言います。

「多くの地方自治体が、若い人に来てもらいたいと言っているのに、若い人の意見を取り入れていないのでは。若い人に来てもらいたいなら、若い人から情報を集めなければいけない」というのが福野さんの持論。プラコンが学生の全ての提案を真摯に受け止めて市の職員が働くことなど、「市長の覚悟と行動力のたまもの」と福野さんは賞賛しました。

ＩＴで鯖江を元気にしたい

福野さんが鯖江でＩＴ企業、jig.jpを立ち上げて10年以上がたちます。jig.jpは画期的な携帯電話用ソフトを開発するなど、業界では屈指の存在です。経理・財務など管理部門、マーケティング部門は東京にあり、鯖江との2拠点体制です。鯖江と東京それぞれ約30人が在籍。「住む場所にこだわりがなく」、「快適な開発環境を求める」エンジニアが鯖江で働いています。

鯖江市は、「データシティ鯖江」を標榜し、オープンデータの世界では、自他ともに認める日本の最先端自治体です。オープンデータとは、自治体が所有するデータをコンピューターで二次利用可能な状態で公開し、誰でもそのデータを利用できるようにすることです。行政の透明性が高まることや、官民協働の推進などが期待されています。

鯖江市がオープンデータを採用するきっかけとなったのは、2010年に福野さんが、オープンデータの活用を牧野市長に提案したのが始まりです。じつはこの2010年4月に、鯖江市では「市民主役条例」が施行されました。提案から3ヶ月後、牧野市長が市役所に情報統計課を新設。さっそくオープンデータの実施に向けて準備に入りました。

福野さんは、スマートフォンの普及が始まった2012年に、「一日一創」を掲げ、毎日一つずつオープンデータを活用するアプリケーションの開発を始め、全国のオープンデータの動きの魁となりました。

また、すべてのこどもたちにプログラミングを教えたい、という福野さんの願いから、1500円という廉価なこどもパソコン「IchigoJam」を開発し、「こどもIoTハッカソン」を主宰しています。プログラミングの体験をするだけにとどまらず

「社会に役立つものを子供たちがつくる」をテーマに掲げています。オープンデータの思想はここにも生きています。

子ども向けであっても、単にプログラムの練習をするだけにとどまらず、実用化も目指せるような物を開発するとのことで、「子どもたちの柔軟な発想を、大人たちがサポートして製品化すればよい」と福野さんは言います。

こうした一連の取り組みは、この地域から優秀なプログラマーを生み出すことにつながっていくでしょう。ますます鯖江が、「変化に前向きであり、知恵と意欲を持っている人たち」を集めることになるでしょう。

ここでは、紹介しませんでしたが、めがね関連産業からは、それまで培った独自の技術を用いて、めがね以外の産業で活躍をする企業も次々と出てきています。めがね以外にも漆器や織物といった分野の職人もいる鯖江の将来は、さながら日本のシリコンバレーになる可能性を持ったものだと、私は本気で思っています。

地方で暮らすなら、30代から実力を養うべき

ここでもうひとり、木村共宏さんにも、鯖江の向かうべき未来像を語っていただきたいと思い、お話を伺ってきました。

木村さんは、もともと東京の会社でサラリーマンとして働いていました。仕事の関係で竹部さんとご縁ができたのをきっかけに、前述のプラコンにおいて初期からアドバイザーとして運営を支援し、参加学生のメンターを務めるなど、永らく東京と鯖江の間を往復していました。２０１５年に東京の会社を辞めた後、２０１６年４月に鯖江市に移住しました。現在は鯖江に拠点を構えながら、全国各地で仕事をしています。

東京のサラリーマン生活と地域の生活の両方を体験してきた木村さんに、本書で取り上げてきた3つの視点のうち、「働き手」の視点から「何が本当に豊かな生活なのか？」を伺っていくと、そこには新しい働き方や、地方創生のヒントとなるようなコメントがありました。

木村さんの鯖江での暮らしは、伝統産業の活性化や地元資源の再発掘など、ご自身

の経験を生かして何にでも広く取り組みつつ、仲間と協力して「兼業自給自足家」を目指していると言います。

現代社会で生活するには、ガソリン代など現金が必要になる場面も多いため、100%自給自足を目指すことは現実的ではなく、ある程度の現金収入も必要となります。そこで農業との兼業の「半自給半自足」となるわけです。

それでも、なるべくノンマネタリー（非貨幣）の経済を意識して生活に採り込むようにしているそうです。普段は自家製の野菜や米を食べたり、山菜や筍を採ったりしており、お金を払わずとも豊富な食材が食卓に並ぶそうです。田舎では物々交換も多く、貨幣を介さない経済が隠れた豊かさに繋がってもいます。最近は狩猟免許を取得され、獣害駆除でイノシシを捕獲して食用にしたりすることも視野に入れているとか。

ただし、甘い見込みで地方の暮らしを始めても、「すぐに順応できるわけではない」と木村さんは言います。「できれば会社勤めをしている30代くらいから少しずつ地域と関係を持ち、40歳を過ぎたときには、どこで働いても十分に生きていけるくらいの実力をつけるべき」と言っています。

地域とそこに暮らす人をリスペクトできる人が残っていく

木村さんは以前、大手総合商社に勤めていました。そこで感じたことは、40歳くらいが市場価値としての会社員のピークで、その後はだんだん市場価値が落ちていくという事実です。40歳を過ぎても給料はある程度高くなるかもしれませんが、会社の看板を外して一個人として評価される人は非常に少なく、定年後に行き場のない人も多い、というのが木村さんの見方です。何歳になっても周りから必要とされ、頼られる存在で人生を全うしたいと以前から思っていたそうです。

そこで木村さんがすすめるのが、30代での副業です。兼業禁止の会社なら、ボランティアでもよいそうです。

東京で働いているからといって、地域に入り込んですぐに活躍できるわけではありません。異質なものが混ざると拒否反応が起きるのが通常です。ですので、まずは都会の暮らしとは別の仕事、あるいはミッションを地方で見つけ、少し生活の軸足を置いてみる。そして謙虚な姿勢で、東京にはない地域の良さを知り、徐々に関わりを持っていくことが大事です。

都会で得たものの凄さはもちろんありますが、田舎にも凄さがあります。それは上下関係ではなく対等であり、単に少し違うだけです。地方の人を見下すような気持ちがあっては、地域に溶け込めません。結局最後には、地方とそこに暮らす人々へのリスペクトを本音ベースで持てる人間が残っていくそうです。

さらに、地方で暮らすには、私利私欲を抑え、パブリックマインドを持って地域の活動に取り組む気持ちが大切になります。

こうした姿勢で暮らすうちに、やがて地方での仕事や人間関係に広がりが出始め、困難はあるけれど、やりがいや生きがいを感じることができます。

木村さんは鯖江に移ってから、昔の友人に「元気そうだね」「いい顔しているね」と言われることが増えたとか。これは日々の暮らしが満たされている証でしょう。

鯖江のような街は、定住人口ではなく交流人口を増やすべし

木村さんは鯖江という街の良さを、ＳＮＳに日々の暮らしをそのまま公開することで発信しています。中には都会の暮らしに疲れた（？）人が「鯖江に行ってみたい」

という声を送ってくることもあります。地道なことですが、ひとりでも多くの方が鯖江という街や自分のようなライフスタイルに興味を持ってくれればいい、と木村さんは言います。

木村さんは、「鯖江市は定住人口を求めるよりも、交流人口を大切にするべき」と提唱します。

これは私が地方の課題解決に関わるようになってから、実感していたことと同じでしたので、木村さんからこの言葉が出てきた時には、大きく深くうなずきました。

鯖江市にはすでに、一定の交流人口が存在します。その交流する人たちによる大きな刺激で、産業や経済、若手の成長といったところに目に見える効果が出てきています。

ここから他の地方は何を学ぶべきなのでしょうか。

多くの地方自治体が移住受け入れに熱心で、イベントやPRなど「情報発信」に予算と人をつぎ込みます。移住者には一時金や優遇制度など手厚い制度も用意しますし、自治体の負担でお試しツアーなども企画しています。そしてこのような企画のほとんどは、引っ越しと住民票の移動を伴う、完全なる移住を目指しています。

移住をする際には、「知らない土地に移り住む」「仕事が変わる」という、大きな人生の転機を2つも同時に行うことになります。これらの政策を企画し、推進するのは、地方公務員の方々です。彼らは、「(県をまたぐような)(辞令でなく自分の意思による)引っ越し」と「転職」から最も縁遠い職種の一つです。「移住経験者の声を聞きながら、政策に反映している」との反論も返ってきそうですが、自治体の職員として働いた経験もある身で言えば、どこまでその対象となっている人たちの心に響く取り組みができているのか、はなはだ疑問を感じています。

そうした視点からも、この木村さんの「定住人口を求めるよりも、交流人口を大切にするべき」という言葉は深く納得がいくものです。

「働き手」の視点で移住を考えると、生活の糧を求める現在の仕事と住居はそのままに、軸足を少し地方に置いてみることで、決して無理をせず、徐々に体験を積み重ねていきたいはずです。時間をかけて、自分に合った場所やスタイルを作っていくことで、失敗や挫折の確率を大きく減らすことができるでしょう。

地方の側の視点で、そもそもなぜ移住してもらいたいかに立ち返って考えてみましょう。

1章で述べた「地方が抱える課題、将来への不安」の解消に向け、「地方」はさまざまな行政施策は打つものの人口の自然増は望むべくもない。であれば、社会増をもたらす努力をするしかない。高度経済成長期までの工場誘致という従来の地方自治体の得意技は、産業構造の変化やグローバル化により、かなり限られてきています。

それならば、地方へ移住してもらおう。そういう思考回路ではないでしょうか。しかし、実際には移住を伴わずとも、交流人口の増加で地元の産業や経済が盛り上がり、地域に活気が生まれれば、目的の一部は達成できるわけで、鯖江市はその点で既に成功を収めていると言えます。

鯖江市では、木村さんやプラコンの学生やOB・OG、私のように年に何度も訪れる人たちといった交流人口が年々増えています。そうした人たちがさらに仲間を連れて来て、鯖江へのリピーターを増やしています。

さらに交流人口の増加だけでなく、竹部さんへの聞き取りで紹介したように、地元の学生たちがこの交流人口を増やす上での主戦力に育つ仕組みもできています。こうしたシステムがあれば、今後も街の活性化に寄与する人材が、供給され続けることが期待されます。

さらに、外からたびたび来る「変化に前向きであり、知恵と意欲を持っている人たち」と交流することで、刺激やアイデア、最先端の技術や流行が、鯖江に住み働く人たちへの大きな刺激となり、従来からある専門技術と結びつき新たなビジネスへと発展します。私が鯖江に通い始めて10年程度の間でも、そうした事象を多く目にしてきましたが、今後はそれがさらに加速していくのでしょう。

学生の活動が地域を刺激し、活性化する
——大阪府大阪狭山市——

「地元に恩返しがしたい」。そう若者に思わせる街

大阪の中心地・難波から急行電車で約20分。大阪狭山市は大阪近郊のベッドタウンとして発展してきた新興住宅地です。古くからこの地に居住している人たちは別として、高度経済成長期に新しくマイホームを建てて移り住んだ人たちにとっては、ここは「ふるさと」というより「生活する街」でした。

ところがこの10年前後で、街に大きな変化が起きています。

中・高生から大学生まで地元の若者たちが中心となり、新旧住民の垣根を超えて地域の人々と交流し、さまざまな活動をしているのです。年を追うごとにその輪が広がっていき、今では社会人となった「かつての狭山っ子」までが加わって、「地元をもっと元気にしよう」「この街を守っていこう」という熱気に包まれています。

今回、お話を聞いた若者たちの口から「地元に戻って恩返しがしたい」と言わしめる大阪狭山市の魅力とは何なのでしょうか。

すべては「表現倶楽部うどぃ」による中・高生の舞台から始まった

大阪狭山市では、地元に住む大学生により構成される「さやま未来プランナー」が、地域創生を担う重要な役回りを演じています。地域の人たちに自分の町を好きになってもらうことや、他の地域の人に大阪狭山市を知ってもらうため２００９年に結成されました。

観光大使としてのＰＲ活動のほか、「表現倶楽部うどぃ」を通じての青少年育成事業、大阪狭山市のシンボル狭山池の清掃活動、情報誌の制作など、若者独自の発想でさまざまな企画・運営を行っています。

この学生団体の第一期メンバーは、「表現倶楽部うどぃ」の卒業生たちです。「さやま未来プランナー」の話に移る前に、「表現倶楽部うどぃ」について説明をしておきます。

「表現倶楽部うどぃ」は、地元の中学生・高校生で構成された舞台活動を行う団体です。日本最古の人工のため池であり、大阪狭山市のシンボルである狭山池をテーマにした演目をダンスとともに表現し、演奏と歌唱も中学生・高校生が受け持ちます。2007年の初演以来、既に10年以上にわたり大きな舞台での公演の実績を持っています。

公民館の社会教育指導員をしていた田中晶子さんが「中学生や高校生など、地域の若者の居場所を作りたい」という気持ちで、周りの方々と一緒に立ち上げたものです。誌面の都合上、その経緯はご紹介できませんが、地域創生の教科書にもなりそうなストーリーを紡いでこられています。

舞台づくりを通じて、地域の大人と中・高生の新たな交流が生まれた

田中さんをはじめとした大人たちの本気の「コミット」と、全力の「サポート」もあり、大阪狭山市立公民館青少年セミナーとして、「表現倶楽部うどぃ」がスタートしました。

ただし、舞台はあくまでも手段であり、本来の目的は若者たちの人づくりの場です。そして「集まった若者たちが本気で舞台をつくりながら、お互いに理解し合い、安心して失敗できる場になればいい、そんな思いが田中さんにはありました。

最初は地域の方に指導をお願いするなど小規模な展開でしたが、今では他の地域に展開する事業にまで成長しています。

この「表現倶楽部うどぃ」がもたらした最大の成果は、地域の人たちと中・高生たちとの交流を増やし、密接な関係を作り上げたことです。

舞台づくりには、地域のさまざまな大人が関わります。そうすると、普段は同じ街に住んでいても出会う機会が少ない「学生」と「地元の大人」が、舞台づくりを通じて知り合うことになります。そして同じ目的に向かって共同作業をするうちに、世代を超えた絆が結ばれていくのです。

田中さんが言うには「地元のおじちゃん・おばちゃんたちも、地域の若い人たちと触れ合うのはうれしいことなんです。ただ、そういう機会がないから、うまくコミュニケーションがとれないだけ」。

いっぽう、中・高生たちも両親や学校の先生以外の大人とは、普段あまり交流する機会がありません。ところが地域の大人と一緒にいるうちに、今まで家庭や学校では感じたことのない、心の安らぎを覚える子どもが少なくなかった、といいます。

「表現倶楽部うどぃ」の初期メンバーのひとり、木下魁人さんは「自分の家以外でも、自分を快く迎え入れてくれる場所があることを知ってうれしかった」と言います。

さらに、うどぃで地域の大人たちと交流したことが強く印象に残り、「地域の人たちを通して狭山が好きになった」とも言っていました。

木下さんと同級生で、うどぃのメンバーだった石井晃樹さんも「ほめてほしいときにほめてくれ、自分を認めてくれる、そんな先輩や後輩、大人がいたから頑張れた。そういう人たちがいる狭山が好きになった」と言っています。

地元への意識が高い「表現倶楽部うどぃ」の卒業生が活動できる場をつくる

狭山の若者と大人が知り合い、交流できる場となった「表現倶楽部うどぃ」。本来なら高校を卒業してうどぃを離れれば、そこでつながりが切れても不思議ではありませせん。それぞれが大学進学などで別の道へ進み、中には地元を離れる人も出てくるでしょう。

しかし、大阪狭山市の場合はそうなりませんでした。大学生となったメンバーが「引き続き地域とのつながりを維持していきたい」「地域ために何かをしたい」という意識をもっていたからです。そこで、表現倶楽部うどぃの卒業生が２００９年に「さやま未来プランナー」を作りました。

「高校卒業と同時に、うどぃも卒業となりますが、何とかメンバーや地域の人たちとの関係を継続したい、恩返しがしたい、と思っていました」と木下さんは言います。

石井さんも「うどぃで作った絆を維持したかったので、大学生になってからは、（東京の大学に進学したものの）さやま未来プランナーで活動しました。お世話になった地域の人やメンバーへ恩返ししたかったからです」と言っています。

「さやま未来プランナー」は、若者たちが地元に「恩返し」をしたい、という熱い思いの受け皿と言ってもいいでしょう。

現在も「表現倶楽部うどぃ」を卒業して、「さやま未来プランナー」へ活動の拠点を移す人は少なくありません。また、後輩のサポートをしたい、と「表現倶楽部うどぃ」のサポートにまわる人もいます。大学生になってから、「さやま未来プランナー」の活動に参加する人もいます。

現代ではやや古風な響きさえ感じさせる「恩返し」という言葉を、現代の若者が揃って口にしたことが、私にはとても新鮮に感じられました。それは、彼らにとって地域住民との触れ合いが、どれほど有意義で成長の糧となったか、を表しているのではないでしょうか。

学生から社会人、若者をサポートする側へ。「地元愛」の輪が広がっていく

現在、田中さんは「大阪狭山キジムナーの会」を主宰し、「表現倶楽部うどぃ」の活動をサポートしています。一度は身を引くことも考えたそうですが、自分が言い出したことなので、引き継いでくれる人が出るまで続けると決めたそうです。

この頃では、社会人となった初期のうどぃのメンバーから「学ぶべきことが多い」と言います。今は同じ目線で一緒に何かを作る仲間、という感覚で行動をともにして

いるとか。

「社会人になっても、後輩や地域活動のサポートをしてくれる彼らの存在は貴重です。そして彼らの柔軟な考えが、この街を良い方向へ動かしてくれている、と思っています。彼らのような若者が、これからの街に元気をもたらしてくれます」。そう田中さんは語ってくれました。

この言葉を裏付けるように、卒業生たちの地元への恩返しは続いています。

前田涼輔さんは「表現倶楽部うどぃ」の一期生で、「さやま未来プランナー」にも参加したメンバー。今は大学も卒業して大阪で病院や福祉施設のサポートをする仕事をしています。仕事の傍ら休日には「さやま未来プランナー」の後輩たちの相談にのったり、イベントに協力したりするそうです。

前述の木下さんは、現在は東京で働いていますが、今でも「さやま未来プランナー」の卒業生という立場で、他の社会人メンバーと手を組んで大学生たちをサポートしたり、「表現倶楽部うどぃ」の企画に参加したりしています。

現在では「表現倶楽部うどぃ」での中・高校生の活動は、「さやま未来プランナー」

の大学生たちが主にサポートしています。これは全国でも珍しい事例でしょう。これに加えて、上記のように社会人となった青年たちが学生たちをフォローしています。

さらに、木下さんや石井さんは「最後は地元に戻り、田中さんに代わってうどぃなどの運営を自分たちがサポートしたい」と言っています。

中・高生から大学生へ、そして社会人となり若者をサポートする側へ。年齢や立場が変わっても、地域をサポートする体制が自然とできあがっています。それは誰かに強制されたものではありません。「地元のためになりたい」という気持ちから、後輩や地域の人たちに援助の手を差し出しているのです。

そして何より大切なのは、そうした中高生や若者たちの行動を本気で「コミット」しつつも、まわりからそっと支える大人がいることです。こうした幾重にもわたる重層的な人の輪ができているところに、大阪狭山市の強みがあるのでしょう。

このようなスタイルが今後も狭山の若者たちに引き継がれていけば、狭山は相互扶助の理想的な街になるかもしれません。

前田さんが印象的なことを言っていました。

「一時期、地元を離れて働いていたことがあります。そのとき、いろいろな人に出会う訳ですが、だんだんと自分の中心（芯）がわからなくなるんです。ところが地元に帰ると、みんなが自分のことをよく知っているので、悩みを相談しても、じつに適切なアドバイスをしてくれたりする。そういう人がいることが貴重なんです」

前田さんはさらに言葉を続けて、

「狭山には観光名所はありませんが、こんなおもしろい人がいる、という話を他人にできることがうれしい」とも。

これはある種の「ふるさと自慢」ではないでしょうか。これを聞いて「うらやましいな」と感じる人は少なくないでしょう。家族のほかにも心を許せる人がいる、信頼できる仲間がいる、そんな人たちがいるから地元・狭山が好きになる。この町の魅力のベースはこのあたりにありそうです。

うどぃや、さやま未来プランナーを卒業して成長していく若者たちが、年々増えて巣立っていきます。これから大阪狭山市がどんな街になっていくか、私はとても楽しみにしています。

第6章

未来の「働く」は、地域社会で始まっている

INTERVIEW 5

「めがね・繊維・漆器」。三大地場産業の元気が鯖江市の原動力

起業者支援の気風を生かし、アントレプレナーを応援する

「鯖江市地域活性化プランコンテスト」で学生から提案されたプランの事業化、女子高生が市民や地元企業と連携して活動する「市役所JK課」、アイドルグループのメンバーを市役所の課長職に任命するなど、型破りな試みを続々と打ち出す鯖江市。その中心にいるのが牧野百男市長です。これほどフレキシブルな考えをもち、そして市民を巻き込むのがうまい地方の首長は、まずいないのではないでしょうか。

市長とお話しをしていると、次から次へと個人名が出てきます。「○○君の活躍がめざましい」「漆器においては、△△君が頭角をあらわしてきました」など、市民の動向を事細かに把握しています。

これは市長が市民一人一人と、真剣に向き合っている証です。鯖江は地方都市といえども人口約7万弱。多忙を極める市長にあって、この目配り、心配りが「市長のためなら」という協力者を増やす力になっているのでしょう。

※このインタビューは2017年5月に行われました。文章の内容や日付に関しては収録時のまま掲載しています。

コメンテーター
福井県鯖江市市長
牧野 百男氏

批判を恐れず、とにかく行動する

地方を盛り上げるには、例えば新幹線を誘致して、新しい風で発展を狙う。このようなパターンというか、型があります。

しかし、これまで鯖江市にはそういう風は吹かなかった、つまり型がなかったので、型破りでやるしかないのです。

多少ハチャメチャなことでも、まずはやってみる。もちろん、お叱りの声や批判も聞こえてきますが、ただ待っていても何も起こりません。

「めがねのまち さばえ大使」にアイドルグループの仮面女子を任命

秋葉原まで行って、仮面女子のライブに出演してきました（笑）。そこで任命式をやったのです。よかったらYouTubeでご覧になってください。彼女たちは2017年のめがねフェスにも出演してくれます。

仮面女子の桜雪さんを鯖江市役所のめがね課・課長に任命したほか、メンバー全員に何かしらの特別な役職に就いてもらいます。みなさん、ノリノリで仕事をしてくれていますよ。

おかげさまで反響は大変大きいです。私たちが発信するものよりも、メンバーのツイッターなど、SNSでの発信がどんどん広がりをみせています。彼女たちのひと言はすごい速さで拡散していきます。

最近、全国の名産地に関するあるアンケートで、「鯖江のめがね」が「今治のタオル」に次いで2位になりました。「めがね、といえばどこを思い出すか?」という質問に、「鯖江」と答える人がかなり多いことがわかりました。ほかにも兵庫県豊岡市のカバン、新潟県燕市の洋食器、岡山県倉敷市のジーンズなどの名前があがっていました。
また、同じアンケートで「鯖江を知っていますか？」という質問には、71・2％の人が「知っている」と答えたそうです。ウェブのアンケート調査ですから、アンケートに慣れた方の声でしょうが、それでもかなり認知度は上がっていると感じました。

「創造性」が地域の活力の源

めがね産業は事業者数も就業人数もだんだん減っています。売上も減っているのですが、その減り幅が事業者や就業者の減り方よりは小さい。つまり、ひとりあたりの売上で見ると上がっています。むしろバブルの頃よりも数字は上です。

こうした傾向は鯖江の地場産業である漆器産業にも見られます。だからこそ、鯖江はまだまだ元気なのではないでしょうか。私はそう思っています。

地場産業であるめがね、漆器、繊維は、3つともすでに成熟産業です。

しかし、つねに技術革新を忘れないことが発展の基礎にあります。イノベーションのほかにも、新商品の開発、異業種交流など、個人事業主たちのたくましい創造性と行動力が鯖江の原動力になっています。

めがね産業は医療分野などへ積極的に進出しています。漆器は従来の作家や伝統工芸士の作品ではなく、今のライフスタイルに合わせた食器や雑貨として新しい展開が出てきました。繊維は航空宇宙や工業資材、メディカル分野などへ裾野を広げています。

JETROやクールジャパンの後押しもあり、こうした技術を活かした海外展開も土壌はできつつあります。

地域の伝統を受け継ぐ若者を外から呼び込む

はい、とくに漆器などは若手ががんばっています。以前は20年修業してやっと一人前、と言われたようですが、今の若い人はそんなに待てません。時代が違います。現在は1~2年の修業後には、生計がたつような作品作りもされているようです。

うれしいのは、こうした伝統を受け継ぐ人が、鯖江の外からも来ていることです。めがね、漆器の若い職人なども、外から来て修業し、鯖江に居つく形が定着してきています。

彼らは、人伝てで来ることが多いようです。同じ道を志す人たちのネットワークではないでしょうが、「しっかり仕事ができる環境が整っている」「理解がある」といったことが、口コミで広がっていくのかもしれません。

もちろん、さまざまな形でわれわれも情報発信していますので、アンテナを張っている人には、鯖江という地名はひっかかりやすいかもしれません。

「ゆるい移住」という取り組み

「ゆるい移住」は移住に関心のある人に、まず田舎暮らしを体験してもらうのが大前提でした。そこで最大半年間、「家賃無料」を打ち出したのです。移住の期間は何をしても自由です。

これには15人が来て、7人が鯖江の街に関わっています。何かしらの魅力を感じたのでしょう。これはなかなかの数字ではないでしょうか。

総務省の「おためしサテライトオフィス」に参加

まず、外から来てビジネスなどの活動をする「活動人口」となっていただき、その先も腰を落ち着けるようであれば「住民人口」になるのでしょう。

おためしサテライトオフィスは、何とかうまく利用する方法はないか、いろいろとプランを模索中です。徳島県の神山町はサテライトオフィスで企業誘致や移住に成功していますが、それをただマネするのではなく、鯖江らしいものができないか、と考えています。

われわれが行っている「空き家利活用マッチングプロジェクト」というものがあります。鯖江もほかの地方と同様に空き家が多く、とくに市街地が顕著です。そこで、こうした空き家をサテライトオフィスとして提供することにしました。現在は市街地と山間部に、4つのタイプのサテライトオフィスを用意しています。

また、企業ではなく個人で鯖江に来て働きたい人のために、古民家で集団生活するようなサテライトオフィスはどうか、と考えています。こちらの古民家は大きいので、1軒で10人くらいは共同生活が可能です。こうした試みもチャレンジしてみたいと思っています。

福井県で唯一人口が増えている

じつは国勢調査で12回連続、鯖江市は人口が増え続けているのです。これは福井県の中でも唯一ですが、多くの地方の中にあっても珍しいのではないでしょうか。

さらにうれしいのは、人口に加えて、鯖江を訪れる「活動人口」が増えている実感のあることです。これが鯖江をさらに元気にしていると思います。この点も他の地方との差別化になるでしょう。

起業家を支援する街づくり

今後は、個人で、ひとりで鯖江に来て起業する人を支援したい、と考えています。福井県鯖江市は人口一千人あたりの社長の数が日本一の街です。その中で鯖江は中小企業の個人事業主が中心ゆえに、街全体にインキュベート（起業家支援）の空気が流れています。これは鯖江独自のカラーです。そこにアントレプレナーシップ（起業家精神）を合わせ、新たな事業に挑む人を迎え入れ、応援するシステムができないか、考えています。

どんな形であれ、「鯖江らしい」と言われるようなことを、これからもやっていきたいと思います。

＊＊＊＊

インタビューを終えて ——変化に前向きであること

6章で紹介してきたように、鯖江には外から多くの人が観光でも出張でもなく訪れ、鯖江の人たちと交流し、中にはそのままビジネスの展開に発展する場合も多くあります。

牧野市長もインタビューの中でそのことに触れ、「活動人口」と表現しています。社長の比率が高い鯖江の人たちの、変化に前向きな気質とも相まって、そうした外の人からの刺激でこの十数年の新たな動きが生まれています。

6章では、鯖江市で活躍する3人の方を紹介しましたが、鯖江市が今のような人が集まりイノベーションを繰り返す街になったのは、内外の人によるエネルギーの高まりが増幅し続けているからだと感じています。そして、その真ん中にいるのが牧野市長です。早くからブログを毎日書き続け、SNSにもいち早く対応。私が鯖江に行く時も、どこでその話を聞きつけられたのか、必ず会いに来てくださいます。他の外から来るリピーターの方たちにも同じなのでしょう。

今回も改めてお考えをお聞きすることができ、今後もさらに鯖江が発展していくことを確信しました。

INTERVIEW 6

住民は減っても、交流人口の増加で地域は元気になる

秋田犬、縄文、マタギ、独自の歴史と文化を「物語」にする

コメンテーター
秋田県大館市市長
福原 淳嗣氏

大館市は秋田県の北部に位置する、人口約7・5万人の地方都市です。忠犬ハチ公で有名な秋田犬のふるさととしても知られています。

大館市の福原市長が政策の根本に据えるのが「交流人口」の増加です。「住む人が減っても、来る人を増やすことで地域は活性化する」と市長は言います。

そのために、市長みずからが積極的に外部との関係をつくり、コミュニケーションを図る姿勢を貫いています。その表れが総務省の「おためしサテライトオフィス」への参加をはじめ、近隣自治体に県外の函館市や弘前市も巻き込んだ広域の連携などです。

お話を伺っていると、市長の口からは「地方創生には郷土愛が必要」「地方はアイデンティティをもて」「地方のブランド化」など、刺激的かつ魅力的な言葉がいくつも飛び出してきました。

大館を「秋田犬」「縄文」「マタギ」といったキーワードでブランド化する構想は、まるで雄大なロマンあふれるストーリーのようです。

※このインタビューは2017年5月に行われました。文章の内容や日付に関しては収録時のまま掲載しています。

人口を増やすために必要な2つの力

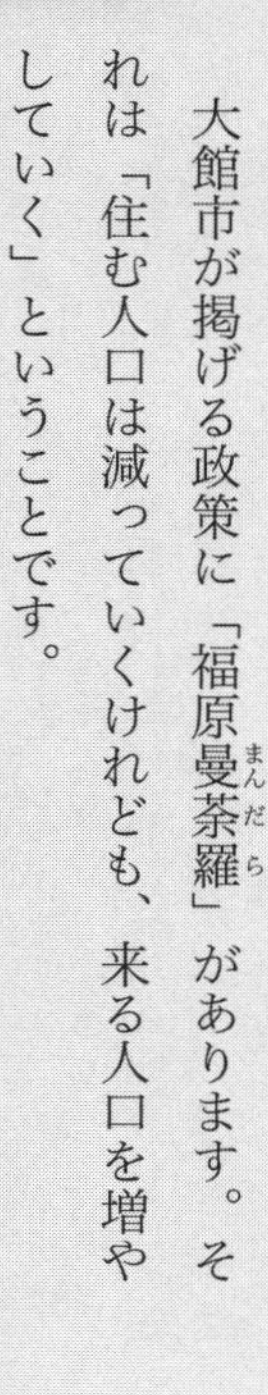

大館市が掲げる政策に「福原曼荼羅（まんだら）」があります。それは「住む人口は減っていくけれども、来る人口を増やしていく」ということです。

「大館に行ってみたい」「大館を経験したい」。そんな思いで訪れる人口を増やすには2つの力が必要です。

ひとつは「ものづくりの力」。これは外貨をよぶ力、といってもいいでしょう。

もうひとつは「物語をつくる力」。これはお客様を呼ぶ力です。

この2つの力を持ちましょう、ということが政策の根本です。

それと同時に、われわれが目指すべき5つの柱を打ち立てました。「連携・にぎわい・ひとづくり・安心・安全」です。

大館に来る人口、これを私はこれを「交流人口」と呼んでいますが、この数を増やすにはさまざまな「関係性」を増やさないといけません。そのひとつひとつの接点が、いろいろな交流を生んでいきます。

何かの「きっかけ」をつくっていく。仕かけていく。そこでご縁ができ、交流へとつながると思っています。総務省の「おためしサテライトオフィス」も、そうした関係づくりのひとつとして参加を決めました。

交流人口を増やすには、外の人たち、外の文化との交流を望む気質がないと無理です。排他的な人は交流しません。その点、大館市は心配ないと思っています。市長選挙で市内を回っていて、市民のオープンな気質に気づきました。

それに加えて、大館市には歴史、文化、伝統、匠があります。ただ受け入れるだけではない、こちらから出していくものもある。これをもっと発信しながら、交流を増やしていければ理想的です。

移住希望者と地元の人が交流を持つ

大館の場合は、移住交流課があり、地元の人との交流の場をつくっています。お酒を飲みながら話をして、意見交換などもしています。やはり受け入れてからのフォローが大切なので、きめ細かな対応を心がけています。

移住をする方を見ていると、いきなり移住する方はあまりいません。まず地域に興味をもって、地元の人とも交流して、ある程度の関係性をつくってから、それでもよければ移住となる場合がほとんどです。

実際に移住している人たちに共通しているのは趣味、ライフスタイルが大館に適していることです。一番多いのはアユ釣りの好きな方でしょうか。7月のアユ解禁後は、関東などからかなりの釣り人が訪れます。その次は家庭菜園をやりたい方。趣味をもっていると、地元の人ともなじみやすいようです。

これは「おためしサテライトオフィス」への参加企業ではありませんが、ひとつの例としてお話をします。大館市にある田代岳の山中には、三菱重工業の田代試験場があります。これは液体ロケットエンジンの燃焼試験場です。

ここで働く人たちは、何年かごとに入れ替わりもありますが、都会からやってきてだんだんワイルドになっていきます。渓流釣り、山菜採りなど、次第にのめり込んでいく人が多いのです。

試験場の人たちは以前、地元の民家に泊まりこんでいたので、土地の人からもてなしを受けたり、いろいろなことを教わったりしたようです。そうやって風土や地域の人に慣れていくうち、自然に親しむ暮らし方を楽しむようになる。そうしたマインドが今も先輩から後輩へ受け継がれているようです。

「郷土愛」が地方創生の根本

地方創生の根本になくてはならないのは「郷土愛」だと私は考えています。

生まれ育った土地への誇り、アイデンティティ（自我）を確立しなければ、外側との関係が広がっていきません。例えば人と人が友だちになれるかどうか、その条件はシンプルです。まず自分が好きかどうか、そして他人の悪口を言わない。こういう人は友だちを増やしていく。同じことが地方の都市にもいえます。「自分を好きであること＝地方としてのアイデンティティ・郷土愛」です。

それを踏まえた上で「外との関係をつくる＝コミュニケーション」が大切になります。

この「アイデンティティ＆コミュニケーション」がしっかり根づいた都市にしたいと思います。


大館市が秋田県内の25市町村で最初に、「歴史まちづくり法」の認定を国から受けました。これは歴史的な遺産の維持向上を図ろうとする市町村の取り組みを、主務大臣（文部科学大臣、農林水産大臣、国土交通大臣）が認定し、支援するものです。

じつはこれを申請したのは、大館としてのアインデンティティをつくるためでした。ほかの市町村のやれないことに挑戦して成功する。それが大館の人たちの誇りになります。こうしたものを自分たちの軸にしていけばいいのです。

また、首長としても「アイデンティティ＆コミュニケーション」を認識していればこそ、東北で最初に「歴史まちづくり法」に認定された青森県弘前市ともネットワークづくりができるのです。

こうした周囲との連携は、これからまだ大きな展開になるかもしれません。「歴史まちづくり法」で結ぶなら、大館市、弘前市、これから手を挙げるであろう仙北市、横手市などと連携していけばいいのです。それからこれは遊び心で大館、角館（仙北市）、函館の「三館（さんだて）」で「3D連携」を打ち出すとか（笑）、いろいろなプランが湧いてきます。

いずれにせよ、アイデンティティがなければ、まわりに惑わされたり、言葉に踊らされるだけで終わってしまいかねません。

教育にもアイデンティティを

全国と比べても秋田県の小中学生は学力が高いのですが、その中でもわれわれの県北地域、さらに大館が優秀とされています。そうした状況下で「ふるさとキャリア教育」が7年目を迎えました。

これは子どもたちに親の働く姿をみせるプログラムです。そうすると、おのずと「働く」と「学ぶ」ということが子どもたちの中でつながります。「なんで勉強しなくてはならないのか？」という質問に答えられるカリキュラムになっています。

「なぜ大館なの？」に答えられる街づくり

地方はこれから、行政システムのブランド化が必要になってくると思います。例えば今後、地方でサテライトオフィスが増えていくとします。

そのとき企業さんから「なぜ大館なの？」と聞かれて、魅力あるプレゼンテーションができなければ、見向きもされないでしょう。

そんな思いがあるので、秋田の県北地域をブランド化するためのツールとして、ハチ公で縁の深い渋谷区との連携を図ったり、秋田犬を使ったPRをしたりしています。「おためしサテライトオフィス」への参加も、働き方改革や地方創生への取り組みをアピールする狙いもありました。

大館をPRする秋田犬によるMOFUMOFU（もふもふ）。かわいくて盛り上がっています。しかし、それだけではいずれあきられる。

そこで私たちは、国の天然記念物・秋田犬をオオカミのDNAに近い「縄文犬」と位置付けたいのです。そして北海道、北東北で世界文化遺産の登録を目指している縄文遺跡群（秋田県では鹿角市や北秋田市）がありますが、その遺跡群と縄文犬の末裔である秋田犬を結びつけたい、と考えています。

現在、私たちが使っている大和言葉の8割は縄文時代以来のものといわれています。また、先祖の墓を生活の場の近くに置くことや、アニミズムや神道の原型が生まれたのも縄文時代とされます。つまり、現在の日本の原型、原風景がここにある、と考えられます。

大館にはその縄文から脈々と受け継いできた、豊かな悠久の大地と暮らしがある。これを別の言葉に置き換えると「縄文の暮らし」がある。そのシンボルを秋田犬としたいのです。

大館は、世界自然遺産白神山地のつながりである白神山系のふもとにあります。大館には世界自然遺産白神山地があり、更に周辺にはマタギたちの狩猟・採集文化も残っている。こうしたパーツを組み合わせてイメージが定着すれば、「こんな土地に住みませんか」「雄大なフィールドで御社の展開をしませんか」と移住や企業誘致、さまざま場面でのＰＲや提案ができます。

行政としては、まずは大館のブランド化を打ち出していく。地名を聞いただけで、何かをイメージしやすいかどうかが問われると思います。何もイメージできない土地は、何をやるにも難しい。つまりアイデンティティがないと、コミュニケーションが取りづらいわけです。

先ほどのような展開がうまくいけば、大館と聞いて「ハチ公のふるさと！　秋田犬がたくさんいる！　縄文？　マタギ？　何それ？」とっかかりはこれでいいのです。まずはこうしたことから大館に興味を持ってもらう。そこをどうやって魅力的に見せていくか、これは政治の責任です。

また秋田犬だけでなく、比内地鶏や曲げわっぱ、秋田杉、温泉など大館のお国自慢はまだまだあります。それらを、冒頭でお話しした「ものづくり」や「物語をつくる」ことにどう落とし込んでいくか、これからチャレンジしながら、未来を切り開いて行きたいと思います。

＊＊＊＊

インタビューを終えて ——俯瞰的な視点で地域創生を考える

大館市は私が地方の仕事に興味を持つきっかけとなった場所です。食、温泉、風景、そして何より人と、魅力的な資源にあふれた場所です。

福原市長はまだ一期目ですが、ネットワークづくりに奔走しており、既にいくつか形になってきています。近隣の自治体との地理的なつながり。歴史を基本に据えた時間的なつながり。山や土地、水といった自然のつながり。今を生きる人が存在している根源にまで踏み込んだ視点、それはとても俯瞰的な視点であり、そこから大館を客観的に見つめて、今後100年単位の礎をどのように築いていけばよいかを考えることができる稀な政治家であり、私は大きな期待をしています。

鯖江市の牧野市長と同様に、福原市長の言葉にも、人の名前が頻繁に出てきます。この後、大館市も鯖江市のように、外から高い熱量を持った人が多く訪れ、町の人たちと交わってイノベーションが次々と起こるような気がしています。

両市とも、総務省の「おためしサテライト」事業の第一期の10地域に選ばれていますが、これは偶然ではないと思います。「働き方改革」という、国が目指していく大きなテーマに沿って、新しい技術を取り入れて、これからの日本の目指す、人の働き方・暮らし方を体現していく意志を持った二つの自治体だからこそ、総務省も採択に至ったという必然なのだと考えています。

おわりに

テレワークという考え方は決して新しいものではなく、数十年も前から語られてきたものですが、ここ数年でやっとその必要性が認められ、実際に取り組みを始める事例も見られるようになってきました。いくつかの先行事例が効果を上げてきたところに、２０２０年の東京五輪が迫り、総務省や厚生労働省などの旗振りによりテレワークデイが企画されたことをきっかけにして、この本の企画がスタートしました。いよいよテレワークが普及する素地が整ってきたことを強く実感しています。

この本では、そうしたテレワークの実践者に直接取材を行い、表面的に見えている結果だけでなく、テレワークを導入するに至った経緯や、実際に運用に至るプロセスや運用する上での工夫や超えてきた壁などまで取り上げることを意識しました。

誌面の関係上、これでもまだまだ十分に紹介しきれていないことが多く残りましたが、これからテレワークを導入しようと考えられている皆さんに、少しでも参考にしていただければと思います。

テレワークを導入するということは、ただ単に在宅での勤務ができるようになることで、育児や介護をしながら仕事ができるということにとどまらないということをお伝えすることが、この本を企画した動機でした。

佐賀県庁で勤務していた頃に、多くの取材を受けましたが、多くのメリットや事例をお話しさせていただいたものの、在宅勤務にばかり目がいくということも経験しました。そのため、自分の手でテレワークのもたらす効果がそれだけにとどまらないということを表す必要を感じていました。

1章では地方の抱える大きな問題まで掲げましたが、地方自治体で働く機会を通して、そうした地方の問題を解決することがいかに困難であるかを痛感しました。その問題の根本には、既に人智ではどうすることもできないレベルに達している人口減少、特に労働力人口の減少が横たわっており、国も地方もそうした「労働力人口が減少し、高齢者の比率が高い社会」を前提とした社会のデザインが求められます。

その前提に立った時には、働き方を変えていくしかないこと、そのためにはテレワークなどを活用して、企業が変わっていくことが求められるでしょう。

地方の問題の解消のためには、問題のレベルが大きいために、テレワークの活用だけではとても足りないことから、6章で地元を出ていったり、もともと外に住んでいる若者が深く関わったりしている2つの地域の事例を紹介しました。いずれも、交流人口が増える状況も生まれており、地域の人たちもそうした若者や外から訪れる人たちに刺激を受けて活性化の道を歩んでいます。

これらの事例では、従来から地方自治体が進めている移住・定住の促進をするだけではない、「外の人材との連携」が効果を発揮しています。そのような外の人材は、二拠点居住や複数の場所での勤務といったフレキシブルな仕事や生活を実践している場合が多く見受けられます。テレワークを普通の日常として取り入れた人たちがそうした活動をしているということを、ぜひご理解いただきたいと思います。

本書の執筆にあたり、快く取材に応じていただいた、総務省 情報流通行政局 情報流通振興課の皆様、厚生労働省 労働基準局 勤労者生活課の皆様、カルビー株式会社の田中宏和様と中村有佑様、株式会社セールスフォース・ドットコムの吉野隆生様、白浜町役場の坂本和大様、東京急行電鉄株式会社の永塚慎一様、鯖江市長の牧野百男様、大館市長の福原淳嗣様、玉田樹様、竹部美樹様、福野泰介様、木村共宏様、田中晶子様、木下魁人様、石井晃樹様、前田涼輔様をはじめ、取材の調整に協力していただいた関係者の皆様には、心より感謝いたします。

それぞれの皆様は、テレワークだけではなく、現在の社会が直面している大きな課題に対して、多方面にわたり正面から取り組まれていらっしゃいます。このまま有効な手を打たずに時間だけが経過すれば、1章で取り上げたような不安はますます増幅する一方となりそうです。今回、皆様に取材をさせていただき、将来に向けて明るい希望を抱くことができました。皆さんの取組みがより多くの企業や地方に広がって行くことで、地方も企業も働き手も、将来に向けて明るい希望が持てる社会になっていくものと期待しています。特にこれから社会に出て活躍する若い世代の方々に、明るい将来を実感してもらえるような社会を作っていく先導役としてさらに活躍されることを祈っています。

3章と5章で紹介した全職員を対象とした佐賀県庁でのテレワークの導入は、どこでお話をしても、たいへんな事例として評価をしていただけます。この本を著すことになったのも、全ては佐賀県庁でのテレワークの導入があったからです。当時のCIOという私の存在をうまく活用して、全国でも特筆すべき先行事例を非常な短期間で周到に作り上げた、当時の佐賀県庁のテレワーク推進チームの皆さん。そしてその新しい仕組みを受け入れて業務に有効な活用を行われた全ての佐賀県庁の職員の皆さん。最大限の感謝の意を評させていただくとともに、皆さんと一緒に働かせていただいた5年間は私の誇りでもあります。皆さんが作り上げて、現在も日々実践されている取り組みは、今後の社会に必要なものになるでしょう。

最後になりましたが、本書を手に取ってお読みいただいた皆さん。初めて単行本を書かせていただいたので、読みにくかったり満足いただけなかったりすることも多々あったのではないかと思います。最後までお付き合いいただきありがとうございます。皆さんの職場や地方でも、ここでご紹介したような働き方の導入が進み、少しでも明るい将来が拓けるようになることを願ってやみません。

森本登志男

〈著者紹介〉

森本登志男（もりもと・としお）

岡山県出身。京都大学工学部卒業。宇部興産の後、ジャストシステム、マイクロソフト（日本・米国）というIT先端企業で20年以上にわたり、日本のパソコン、インターネットの黎明期を経験。佐賀県最高情報統括監（CIO）を5年務めた後、2016年4月より岡山県特命参与（情報発信担当）、佐賀県情報エグゼクティブ・アドバイザーなど複数の自治体の職務に就任。総務省テレワークマネージャー、総務省地域情報化アドバイザーなど、中央省庁からの委嘱も受け、日本各地で地方の現状を変えるために活動中。地域活性化、テレワークを活用した業務改革などをテーマとした講演は常に満足度の高い評価を得て、年間講演数は50回を超え、講演依頼が絶えない。

あなたのいるところが仕事場になる

「経営」「ワークスタイル」「地域社会」が一変するテレワーク社会の到来

2017年7月25日　第1刷発行

著　者　森本登志男
発行者　佐藤靖
発行所　大和書房
東京都文京区関口1-33-4 〒112-0014
電話　03(3203)4511

編集協力　児玉光彦
装丁　藤塚尚子（ISSHIKI）
本文デザイン　市川さつき（ISSHIKI）

本文印刷　シナノ
カバー印刷　歩プロセス
製本　小泉製本

ISBN 978-4-479-79605-3
乱丁・落丁本はお取り替えいたします。
http://www.daiwashobo.co.jp/